23歳の時に出場した2001年のエドモントン世界陸上400mハードルで〝最初の銅メダル〟を獲得した為末（右）。
左へ優勝したサンチェス（ドミニカ共和国）、2位のモリ（イタリア）

エドモントン世界陸上での為末は準決勝、決勝と日本新記録を連発した

2005年のヘルシンキ世界陸上。27歳の為末（左から2人目）は荒天を味方につけて〝2つ目の銅メダル〟を獲得した

苦労を重ねてつかんだ2つ目のメダルは、エドモントンの時よりはるかに喜びが大きかった

大接戦の銅メダル争いを
制して男泣き。ヘルシンキ
の夜空に拳を突き上げた

ヘルシンキ世界陸上での表彰プレゼンターは、1970年代後半から80年代後半にかけて2度の五輪と2度の世界陸上を含む「107連勝」の金字塔を打ち立てた〝400mハードルの神様〟のエドウィン・モーゼス氏（米国、右）。為末にとって、喜びが何倍にも増す出来事だった

世界陸上で2つのメダル獲得

為末 大

ダイ・ストーリー

DAI STORY

栄光と挫折を繰り返した
天才アスリートの半生

為末 大 著
月刊陸上競技 編集

出版芸術社

為末大「ダイ・ストーリー」
栄光と挫折を繰り返した天才アスリートの半生

目次

第1章 「神童期」 〝大ちゃん〟は運動会のヒーロー

第2章 「天狗期」「カール・ルイスになりたい」

第3章 「懊悩《おうのう》期」 100mへのこだわりと種目変更の葛藤

第4章 「反抗期」 400mハードルで初の五輪へ

第5章 「絶頂期」 エドモントン世界選手権の銅メダル

第6章 「思考期」 生きるとは？ 走るとは？

第9章 「回帰期」 競技人生の集大成

第10章 「終わりに」 次世代の選手、そして多くの人に伝えたいこと

カバー写真　ヘルシンキ世界陸上での表彰式（表紙）とハードリング（裏表紙）

構成／小森貞子　　編集／月刊陸上競技（土谷公二、小川雅生、山本慎一郎、大久保雅文）
写真／月刊陸上競技（樋口俊秀ほか）、望月次朗、及川彩子、マーク・シャーマン
アートディレクター／小野寺達明（ケイ・デザイン）

DAI STORY

第1章

「神童期」

〝大ちゃん〟は運動会のヒーロー

広島に生まれ育って

「この子はそう長生きできんかもしれんね」と、僕がまだ幼かった頃、近くに住んでいた母方の祖母がポロッとこぼしたとか。多動性のところがあって、とにかくジッとしていることが嫌い。おかげでしょっちゅうケガをして、外科医のお世話になった。おばあちゃんだけでなく、両親も心配でたまらなかったと思う。

父も母も広島市内で生まれ育った人で、僕が5歳になるまで、畳屋を営んでいた母の実家の近く、庚午《こうご》という所に住んでいた。父の実家はもっと市の中心部に近くて、そちらの祖母は爆心地からさほど遠くないところで被爆している。80歳を過ぎた今も健在だが、幼心に聞いた原爆の話は、僕の心に突き刺さっている。

僕らが小学生の頃は広島に原子爆弾が投下された8月6日が夏休み中の登校日で、その時刻の午前8時15分にサイレンが鳴らされ、皆で黙とうした。先生が「平和について」の話をしたり、被爆体験者の語り部に耳を傾けたり。

平和教育は受け取る側の感性によって、心に突き刺さる人と刺さらない人がいると思うけど、僕は結構刺さった方で、子供の頃に人間の何たるかをすごく考えた覚えがある。今でも「人間の恐ろしさ」や「戦争に突っ走った怖さ」のようなものを、心の底に抱えている。「世の中に悪人はいないんだけど、それでも悪いことは起こる」というような内容の作文を、小学生の時に書いた記憶もある。

3人兄弟の真ん中で男1人

兄弟は3人で、僕は姉と妹にはさまれた男の子だ。1978（昭和53）年5月3日が誕生日。「憲法記念日」の祝日で、陸上競技のカレンダーで言えば、毎年「静岡国際陸上」が開かれている。姉の愛《あい》とは2年1ヵ月違いだが、姉が4月1日生まれなのでぎりぎり上の学年に組み込まれ、3学年違う。妹・祥《さち》とは2歳半違い。というわけで、一時小学校には6年、3年、1年と3人で通ったことがある。

母が保存している母子手帳によると、僕が産まれた時の大きさは体重が3750グラム、身長が51センチ。ちなみに、胸囲35センチ、頭囲33センチと、頭より胸回りの方が大きかった。そんな子はあまりいないらしい。

歩き出したのが生後10ヵ月で一般的に早い方かと思ったら、姉は8ヵ月で歩いてしまったという。保健師さんに「なるべく歩かせないようにしてください」と母は言われたそうだ。いくら早熟でも、早過ぎるのは良くないのだろう。

これも母子手帳に記してあったことだが、僕は2歳4ヵ月で公園のジャングルジムのてっぺんまで1人で上った。毎日公園に連れて行くのを日課にしていた母が、ビックリして書いておいたに違いない。

同じ頃、補助輪なしの16インチの自転車に乗ったことも記してあった。この自転車は姉が4歳の誕生日にお祝いで買ってもらったもので、何かにつけて2つ下の弟に追いかけられていた姉は、その時に「これで私の人生終わった」と思ったそうだ。まだ三輪車でも乗り回している程度なら可愛げがあったろうに、自分が買ってもらった自転車に先に乗られたのでは、姉の立場はなかっただろう。ごめん、姉ちゃん。

ただ、一方では、僕には泣き虫で怖がりの面もあったらしい。小さい頃は2階にある寝室に行くのが怖くて「姉ちゃん、一緒に行こう」と誘ったり、トイレへ行くのに母に付いていってもらったり。わんぱくだけど、メソメソすることもしばしばあった。

親も姉・妹も皆、陸上部

うちの両親は高校の同期で、一緒に陸上部に在籍していたという話だ。父（敏行）は高校1年の時に野球部だったが、甲子園の全国大会に出場するような強豪校だけにレギュラー獲りは厳しく、2年の時に転部した。

今振り返れば、父と一緒にもっとキャッチボールを楽しめば良かった。野球が好きな父は「男の子が生まれたらキャッチボールをやろう」と、ずっと思っていたに違いない。僕が幼稚園に入るか入らないかの頃、父は子供用のグローブを買ってきて僕の手にはめてくれた。でも、何回かキャッチボールをしただけで、そのグローブはほったらかしになった。僕が野球にさほど興味を示さなかったのだ。志半ばで父が亡くなるのがわかっていたら、もっともっとキャッチボールをやって男同士の思い出

1983年10月10日、幼稚園の運動会では徒競走で1等賞。５歳の大はヒーローになった。しかし、この日の午後に自転車で転んで大ケガを負う

生後11ヵ月、自宅近くの公園にて。歩き始めて1ヵ月ごろ

5歳の運動会の日、午後に大ケガ

まだよちよち歩きだった頃、アイスクリームの棒がのどに刺さったり、花火で大やけどを負ったりと外科医のお世話になるのはしょっちゅうだったらしいが、母親の文枝さんが「忘れもしない10月10日です」というケガが大ちゃん5歳の時。

幼稚園の年中だった１９８３（昭和58）年。当時「体育の日」の10月10日に運動会が開かれ、大は一躍ヒーローになった。その日の午後、自転車で遊びに出かけた大は、両サイドが階段で真ん中がスロープになっている坂道で、小学校高学年のお兄ちゃんがやっているように、そのスロープのところを自転車で駆け下りた。

「ちょうど下の子を昼寝させている時で、大が自転車で出て行ったのはわかっていたのですが……」と文枝さん。「大ちゃんが救急車で病院へ運ばれた」という電話は、幼稚園から。激しく転倒し、起き上がれずにいるところを近所のおじさんが見つけて通報。体操着に名札がついていたので、まず幼稚園に連絡がいったという。

20針以上縫った額の傷跡は、今でも残っている。午前中は息子の快走を楽しんだ文枝さんも、午後は心臓が止まるほどの衝撃に襲われ「10月10日が来ると、毎年『この日が無事に過ぎて』と思います」と笑う。

1985年1月1日、家族5人で玄関前にて記念撮影。後列左が母の文枝さん、右は父の敏行さん。
前列は左から、妹・祥（さち）、姉・愛、大の3兄弟

を作ったのに……。野球はやらなかったが、僕が被っていたのはずっと「C」のアルファベットが付いた広島カープの野球帽だった。

母親（文枝）は「私の全盛期は中学時代」と言う。100mハードルの前身の80mハードルで「広島県で3番ぐらいだった」そうだ。あとは200mとか走幅跳をやっていたという。陸上のキャリアとしては、父より母の方が上かもしれない。とはいえ、父方のおばあちゃんが「足が速かった」という話も聞いている。

〝陸上一家〟と呼ぶほどではないものの、子供3人は皆、陸上部に入った。僕が陸上を始めたのは、姉が小学5年の時に「広島五日市ジュニア・オリンピア・クラブ」という地域の陸上クラブに入ったのがきっかけだが、そもそもそのクラブへ入ろうかと言ったのは母だと思う。姉は「最初、そんなに乗り気ではなかった」と言っている。それにくっついて行った僕が、駆けっこの虜《とりこ》になってしまった。その道に入るきっかけは、本当にちょっとした出会いだ。

「～しなさい」は一切なし

3歳でスイミングスクールに入り、5歳の時には母親に空手教室に連れて行かれた。なぜ空手かと言えば、僕が泣き虫だったので男児らしく、しゃきっとさせたかったのだろう。だが、教室の後方で見学している母親を置き去りにして、逃げ帰った。そう言えば、学習教室の「KUMON」にも通ったことがあるけど、教材を破り捨ててすぐにやめた。

5歳になった夏におばあちゃんの家の近くから、今も母が住んでいる五日市に引っ越した。4月に入園したばかりの「ちどり幼稚園」から「光禅寺幼稚園」に転園し、園児を対象に幼稚園が終わってから園内でやっていた体操教室に入った。これはおもしろかった。球技とかは大成する気がまったくしなかったが、体操は「俺に合ってるかもしれない」と思った。

跳び箱やマット運動、鉄棒で、自分の身体を使うのはうまい方だった。グルッと回転したり、前転したりという中で、のちのハードルにつながる感覚が磨かれたような気がする。空中感覚というか、走りながら「ハードルがちょっと遠いな」と思って調整したりする能力。これには器械体操が影響していると思う。

しかし、それも幼稚園時代だけでやめている。スイミングスクールには小学校3年まで通ったが、だんだんつまらなくなって、陸上を始めてから間もなくやめた。それ以降は陸上一本で、木曜と土曜、週に2回の練習が楽しみだった。

いろんな習い事に首を突っ込んだけど、うちの親は「〜しなさい」ということは一切言わなかった。これは僕だけじゃなくて、姉も妹も同じ。「勉強しなさい」も言われた記憶がない。

おかげで学力には自信がないが、小学校ぐらいまではまずまず理解していたと思う。先に教科書をバーッと読んでおけば、授業中に別のことをやっていても、勘で答えられる。だが、中学校になって英語が入ってくると、単語や文章を覚えないといけないので、全然ついて行けなくなった。国語の漢字書き取りも、苦手だったな。

ただ、文章の読解力だけは優れていたと思う。小学校高学年で「読書部」に入ったぐらいだから、本を読むのは小さい頃から好きだった。これは母が毎日欠かさず寝る前に絵本を読んでくれたおかげだと思う。母は「私が子育てで唯一がんばったのは、毎夜子供たちに本を読んであげたこと」と言っている。その習慣は、僕が小学校の高学年になるまでずっと続いた。

「中田のおじちゃん」と長距離走

自分で「足が速いな」と最初に思ったのが、幼稚園の運動会だった。すごい勢いで前の子を抜いた感覚が残っている。母はそれを見て「鳥肌が立った」らしい。

そのうちに、近所のおじさんや父の友達に駆けっこで挑戦するようになった。「おじちゃん、競争しよう」と持ちかけると、相手は小さい子供だから大抵の人が「いいよ」と言う。でも、だんだん僕の方が速くなって、途中で転ぶ大人も出てきた。

家の近くに「中田文具店」という文房具屋さんがあって、そこのおじさんがあちこちのマラソン大会に出るような市民ランナーだった。中田のおじちゃんが息子2人と一緒に、直線で200mほど取れる家のそばの空き地で走っているのを知ってからは、僕もそこに交ぜてもらって長距離を走った。

陸上クラブに入る前の話だから、陸上の道に進むそもそものきっかけを作ってくれたのは中田のおじ

1988年4月17日、広島スタジアムで行われた「第4回S＆B杯チビッ子健康マラソン」で、大（右から2人目）は小学4年の部（2km）で優勝

1987年11月1日、八千代町の土師ダム湖畔マラソンに出場した大は、小学校低学年３kmで優勝（12分34秒）した

小学校6年時（1990年9月30日）の運動会風景。先頭を突っ走る大は、みんなのヒーローだった

ちゃんが最初と言ってもいい。

長距離と言ったって、せいぜい２㎞か３㎞だ。木曜日の夜が練習日で、近所の子供が何人か参加した。そこでも僕が一番速くて「将来は早稲田大学に入って箱根駅伝を走る」と夢を語っていた。そのまま長距離をやっていたらどこまでの選手になったかわからないが、箱根駅伝には出られたかもしれない。

小学校４年の時には、広島県の「Ｓ＆Ｂ杯チビッ子健康マラソン大会」の小４の部（２㎞）で優勝している。

「広島五日市ジュニア・オリンピア・クラブ」

小学校は「五日市中央小学校」という公立で、家からそう遠くない。広島はオリンピックで日本初の金メダル（三段跳）を取った織田幹雄さんを始め多くの著名選手を輩出しているところで、近所にも熱心な陸上競技の指導者がいた。

女子走幅跳で１９６４年の東京オリンピックに出場した旧姓・香丸恵美子さん。この方が結婚して岡山姓になり、広島で高校の先生をしていた。今も現役を続けている女子走幅跳の岡山さえちゃん（沙英子、広島ＪＯＣ）のお母さんだ。岡山先生夫妻や、今は小学校の教頭先生をしている藤本（法生）先生らが発起人になって、僕が小学校２年の時に「広島五日市ジュニア・オリンピア・クラブ」という陸上クラブができた。

子供会のチラシでクラブ員の募集を知った母が、小学校5年だった姉に「こういうのができるから行ってみよう」と声をかけ、五日市小学校の校庭で行われる練習に僕もついて行った。このクラブは〝名門〟で、もちろんさえちゃんもそうだし、男子短距離で大活躍中の山縣亮太君（慶大）もOBの1人だ。

幼稚園で何となく感じた「俺は足が速い」という感覚が、陸上クラブでも実感できた。「やっぱり速いんだ」と思うと、練習に行くのが楽しくなってきた。ただし、クラブ員は小学校4年生以上だったので、僕はまだ姉のお伴でいるだけ。正式のクラブ員ではなかったのだ。

その年の夏、クラブの皆でキャンプに行った。僕も一緒に連れて行ってもらって、ある時、岡山先生に「クラブに入れてください」と直訴した。母に相談もせず、独断で行動したことだから、頭を下げている僕を見て、母はビックリしたらしい。

「じゃあ、3年になったら入れてあげるから、1年間待ちなさい」

「すぐに入りたいんです」

岡山先生は困ったような顔だったが、根負けして「他の人の邪魔をしないこと」を条件に入部を許可してくれた。それからは駆けっこ一本槍で、今に至っている。

「他の人の邪魔をしない」という条件はどうも守られなかったようで、あっちの練習、こっちの練習とちょこちょこ顔を出し「自分のグループでやりなさい」とよく叱られた。でも、僕の動きを見て岡

「広島五日市ジュニア・オリンピア・クラブ」のみんなと記念撮影。大（前列左から3人目）が小学校6年の時。後列中央が岡山恵美子さん、前列中央が日山正光会長、その後ろが古川渉さん。左端は前が岡山薫さん、後ろが藤本法生さん

山先生は「大は将来オリンピック選手になる」と大人たちの間で話していたそうだ。ハードルは誰にも教わらないのに、うまく跳んでいた。

そう言えば幼稚園で器械体操をやっていた頃、体操競技でオリンピックに出た池田敬子さん（旧姓・田中、広島県出身）が練習を見に来て「いいふくらはぎをしている」と僕の脚をほめてくれたらしい。

ゲーム好きが高じて……

陸上クラブの練習は週に2日だったので、他の日は友達と外で遊び回るか、家でゲームをやっていた。秘密基地を作ったり、近くにある極楽寺山に走って登る競争をやったり。

自転車で遠くへ行くのも好きだった。小学校4年の頃だったか、自転車で山口県まで行ってしま

い、父に車で迎えに来てもらったことがある。

僕は自転車を漕《こ》ぐのも速かったらしく、一緒に遊びに行った友達が遅れたり、途中で転んだりすることもあった。そうすると母が友達の親から「大ちゃんは運動神経がいいからスイスイ行くけど、うちの子はねえ……」と言われたそうだ。姉は「お母さんが菓子折を持って謝りに行くのを何回も見た」と話している。

ファミコンなどのゲームも大好きだった。家では「30分だけ」と言われても、友達の家に行ってまた続きをやったり。

世の中の経済のしくみに気づいたのも、その頃だ。毎月の小遣いだけでは足りなくて、おばあちゃんなどからもらったお年玉をゲームソフト代に充てるのだが「一番安いのはどこだろう」と新聞の広告チラシを見ていると、値段が変動していることに気がついた。自分の持っているゲームソフトを売ることができるのもわかった。

売り始めると、売る値段も変動することがわかってきて、すごく高く売れる時と安く買える時があるのが判明した。

ただ、売る時には会員カードに親のサインが必要だった。小学校3～4年だと思うけど、何となく「こういうことを大っぴらにやるのは良くない」という感じがして、最初は親に内緒にしていた。しかし、そこに100円ぐらいの差益が出るのがわかると、母にカードを見せて「ここにサインして」と言うようになった。

5～6ヵ所の店の会員になっていたのだから、親は「変だな」と思ったはずだ。母は「これで不良の道に入ったらどうしよう」と、ずいぶん思い悩んだそうだ。それでも、自分の小遣いの範囲内でやり繰りしているだけだったので、特に追及されることはなかった。

売り買いするお店は自転車で1時間ぐらいかかるおばあちゃんの家の方にあったから、たとえば100円儲《もう》かったとしても、そう割に合う話ではなかったと思う。

大人びた小学生

僕は身体が早熟だったけど、頭もそうだったのだろう。小さい頃から年上の人といる方が心地良かった。ずっと年上のお兄ちゃんと遊んでいる方が刺激的だし、おもしろかった。

おばあちゃんの家の畳職人と話したり、ひと回りも上の従兄弟のカン君（池田一成）と遊んだり。今、沖縄に住んでいるカン君は母親の姉の子供で、カン君の弟のミッチャン（池田道大）はライターになった。僕がメダルを取ったあとに女性誌のインタビューを受けたらミッチャンが来て、驚いたことがある。

大人と接することが多かったせいか、小学生の頃に「学校の先生は大変だな」と思えた時期があった。最初にそう感じたのは、体育の授業の時だった。跳び箱の手本を先生が見せたけど、僕の方がうまく跳べて、みんなが「ワーッ」と騒いだ。その時にふと「先生にもメンツがあるだろうな」と、気を遣った覚えがある。ちなみに僕は小学校時代ずっと、担任は女の先生だった。

その反面、先生の手も焼かせた。たとえば体育の時間にポートボールをやったとして、ボールを持ったら3歩以上歩いてはいけない、というルールがある。そこで僕は「人に肩車されて動いたらどうなんですか」と聞く。「自分の足が地面についてないんだから、歩いているうちに入らないでしょ」というような、ともすると屁理屈なんだけど、そういうのを考えるのが好きだった。

これはどうやら父親譲りの発想らしい。父は基本的に物事をひっくり返して見るような人で、家の女性陣にはひんしゅくを買っていた。僕も何かの抜け穴を指摘するのが好きで、先生には「それは屁理屈というものでしょ」と怒られることが多々あった。

初めての故障

陸上クラブの方は楽しかった。陸上の練習だけでなく、夏休みにはキャンプに行き、冬休みにはスキーに行った。普段の練習もバスケットボールをやったりと、小学生なので遊び感覚の内容が多かった。

中田のおじちゃんと走っていた延長で、しばらく長い距離もやっていたが、そのうちに自分で長距離には見切りをつけたのか、短距離が中心になっていった。

小学校時代の100mのベスト記録は、13秒2ぐらいだと思う。県の大会の6年100mで2番が最高順位。阿部君というすごく速い子がいて、人生で初めて負けた相手が阿部君だった。阿部君には中学1年ぐらいで並んで、その後は僕の方が速くなった。

今、毎年4月29日に広島で開かれている「織田記念陸上」は1967年に始まったのだが、僕が初めてその大会に出たのが小学5年の第23回大会（1989年／当時は5月3日開催）。広島県内種目として行われる「小学4×100mリレー」に広島五日市ジュニア・オリンピア・クラブのアンカーで出て、2位（56秒36）だった。その試合は翌年もアンカーを務め、タイムは54秒55と大幅に縮めたものの、またも2位に終わっている。

競技人生の中で何度も大きな故障をしているが、実は初めてのケガを小学校時代に経験した。6年生の時に、突然膝が痛くなった。特に原因は思い当たらないし、「ほっとけば治るだろう」と思って「痛い、痛い」と言いながら

小学校6年の時、父方のおばあちゃん宅で。後列左端が、戦前に明治神宮競技大会に出場した寿恵さん

おばあちゃんは戦前の明治神宮大会に出場

為末大の足はなぜ速かったのか？　そのルーツを探っていくと、父方の祖母に行き当たる。おばあちゃんは、旧姓・今西寿恵《ひさえ》さん。旧・山中高等女学校時代、4×100mリレーの一員として明治神宮競技大会に出場しているという。国民体育大会の前身ともいえる、戦前の全国大会だ。「予選落ちだったし、昔の話なので……」と多くを語らないおばあちゃんだが、駆けっこのDNAが孫に受け継がれていることは間違いない。なお、山中高女のOGには、女子円盤投で初めてオリンピック（1932年・ロス五輪）に出場した石津光恵さんがいる。

また、寿恵さんの弟の今西和男さん（72歳）は元サッカーの名選手で、Jリーグ・サンフレッチェ広島の総監督を務めたことがある。

1年ぐらい練習していた。

それでも心配だから、父がいろんな病院に連れて行ってくれた。当時は「連れ回される」という印象だったと思う。大学病院にも行った。しかし、膝の状態は良くならず、6年の頃はあまり走っていない。

病状がはっきりしたのは、6年の最後の方だったと思う。浜脇病院の大森先生が「剥離《はくり》骨折」を見つけてくれた。「これは手術した方がいい」と言われて、膝にメスを入れたのが小学校の卒業式を間近に控えた91年の3月1日。五日市中学校に入学した時は、まだギプスが取れていなかった。「打撲」という見立てのまま、あの故障をいつまでもほったらかしにしていたら、おそらく僕のその後の陸上人生はなかったと思う。大森先生に剥離骨折を見つけてもらって、きちんと治したおかげで競技を続けられた。

そういう思いでずっといたので、エドモントン世界選手権（2001年）で銅メダルを取って帰省した折りには、メダルを持って大森先生の元を訪ねた。


作文「人間について」　5年2組　為末 大

ぼくが思っているのは、全ての問題。公害や暴力、核戦争や動物ぜつめつ、資源が少なくなっていることは、全部人間がおこした問題なので、問題を解決するには、まず、人間の考え方をなおしていかなければ、永遠に解決できないと思う。この間、オゾンけんはかいというニュースを見ました。それによれば、どんどん気温が上昇して、みんな死ぬということでした。人間は、科学のはってんのために少々のぎせいは仕方がないと言っているけど、少々のぎせいというのは、人間だと思う。

ぼくはまず、ふつうの自然の状態にして、それから、ちょっとずつ科学の開発をすれば、自然のバランスもくずれずに、どうにかなると思います。

それと、原料不足や暴力、そして強とうなど、人間がやっている問題は、やっぱり人間が解決しなければいけないと思う。原料不足の問題、これは、とう油とかを使わなくても人間は生きていけるから、楽に解決できると思います。

ぼくが言いたいのは、全ての問題。これは人間が起こした問題だから、人間が解決しなければいけない。それに、一番の問題は人間だと思う。　（原文のまま）

DAI STORY

第2章

「天狗期」

「カール・ルイスになりたい」

河野先生との出会い

日本陸連が2012年度から新設した表彰制度に「競技者育成賞」というのがある。オリンピックや世界選手権で入賞した選手を育てた各年代の指導者を称える賞で、初年度は10月の岐阜国体の折りに、ロンドン五輪の男子4×100mリレー入賞メンバーだった山縣亮太君（慶大）の恩師たちも表彰されていた。中学、高校時代の先生はもちろんのこと、小学校時代に通った「広島五日市ジュニア・オリンピア・クラブ」の指導者も名を連ねていたのは、同じクラブの出身者としてうれしかった。

僕の時代にもそういう賞があれば、いろいろとご迷惑をかけた先生方に、1つのかたちとして恩返しができたのかもしれない。そう思えてくる指導者に、僕は各年代で巡り会った。

五日市中学校で3年間陸上部の顧問として、また2年生の時には担任としてお世話になった河野裕二先生は、僕が広島で立ち上げた陸上クラブの「CHASKI」（チャスキ）の運営で今も力を借りている大恩師だ。広島市立三和中学校の校長先生を最後に、2013年3月に退職された。僕なんかついついため口で話してしまうが、いろんな役職に就いている偉い先生で、僕との一番の共通点は「陸上競技が大好き」ということ。とにかく熱心な先生だった。今でも小学生対象の陸上クラブで創意工夫をしながら、子供たちが駆けっこを好きになるようなメニューを考えて指導してくれている。

河野先生が僕の走りを初めて見たのは、小学校6年（1990年）の7月に県営競技場で行われた「全国少年少女リレー大会広島県予選」の6年男子100mだそうだ。先生はそのレースのスターターを務めていて、真後ろから走りを見ることになった。「すごく大きな走りで、跳ぶように走るので、まるで跳躍走だった」と、のちに先生はその時の印象を語っている。

小学生の場合、まだ両腿があまり開かず、チョコチョコ走りが目に付くが、僕は腕振りも脚の開きも大きくて「こういう走りができる小学生がいるんだ」と思ってビックリしたそうだ。河野先生はちょうど僕が入学予定の中学校に勤務していたので「来年はこの子が来るんだ」と、ワクワクして待っていたという話を聞いたことがある。

中学生活は補強運動でスタート

１９９１（平成３）年４月、地元の五日市中学校に入学。しかし、僕は3月に膝の手術を受けて、まだ松葉杖をついている状態で、最初の４ヵ月は腹筋、背筋などの補強運動やハードルを使った脚の動きづくり、スプリントドリルなどに明け暮れた。ギプスが取れた右脚は、筋肉が落ちてすっかり細くなり、左脚と全然違っていた。

中学生になって陸上部に入り、河野先生に真っ先に示されたのが「競技力とはこうなっているんだ」という三角形の図だった。三角形の底辺に「精神」があり、その上に「体力」。そして、てっぺんに「技術」。最初はどんな意味かわからなかったが、国際大会に出て行くようになって、ようやく理解できた。成人してからも壁に行き当たると、その三角形を思い出した。

河野先生はちょうど僕が中学校に入る前の3ヵ月間、陸上の視察研修で全国の強い学校をまわっていた。広島国体が近かったからかどうかわからないが、広島県体育協会の長期派遣事業だったらしい。東京に拠点を置いて、埼玉栄高校や千葉の湖北中学校、順天堂大学など、陸上で結果を出している学校で練習を見たり、そこの指導者に話を聞いたり。視察研修後、広島に帰ってきてからの〝一期生〟が僕らの年代だった。

今ではどこでも採り入れているミニハードルの練習も、先生はそこで初めて見たという。斬新な練習法を見聞きして「広島は10年遅れている」と内心思ったそうだ。当時まだ30歳代だった河野先生が、いろいろな刺激を受けて地元に戻り、ちょうど僕が中学校に入った。先生にとっても、僕にとっても、ジャストタイミングだった。

しかし、僕はすぐに走れなかった。朝練習も午後練習も、マットを引きずり出して補強運動の日々。先生は「走りたい」という僕の気持ちをなだめながら「夏休みまでは走らせない」と断言し、両脚の筋肉の差が目立たなくなるまで基礎トレーニングを続けた。

中学生になってすぐの、あの4ヵ月間があったからこそ、その後の

自分の経験から「中学時代はケガなく」

河野先生が「中学時代にケガをさせず、高校へ進ませたい」と強く思うようになった背景には、自分の競技経験がある。特に指導者がいない中、中学校で陸上競技を始めた河野先生は、左脚の腿前部を痛めた。しかし「田舎でスポーツドクターがいるわけでもなく、練習を続けながら、揉み医者に行っていた」と言う。あとで肉離れとわかるのだが、広島・加計高－広島大で運動生理などの知識を得ると、最初の処置がいかに素人だったかに気づいて「愕然とした」そうだ。

「選手が本当に陸上をやりたいと思った時に、悔やませたくない」というのが河野先生の指導の根底にある。だからこそ、大にもスピードの出し過ぎでケガをさせたくなかったし、「のびしろを残して高校に送りたかった」と400mの練習は一切やらせなかった。

ケガも乗り越えられたような気がする。

中学校デビュー戦

1学期はずっと補強ばっかりだった練習が、夏休みになってから走る練習に移行した。やっぱり、風を切って走れるのはうれしかった。

河野先生にはサーキットトレーニングとスプリントドリルを徹底的にたたき込まれた。スプリントドリルは、①トロッティング、②トロット、③踏み付け上下など。踏み付けを連続して行う④連続A、脚の振り戻しを連続して行う⑤振り戻しBというのもあった。Aが脚の上下運動、Bは脚の回転運動を意味する。これらを組み合わせて、その場でトロッティングをしてから、連続動作で前進する内容もあった。先生は「膝から下の振り戻しにポイントを置いていた」と言う。

そして、中学生になって初めての大会が9月1日、広島市の中学総体1年200mだった。レースに出るのは、小学校6年7月の少年少女リレー県予選以来だから、1年2ヵ月ぶりのこと。河野先生はそこで周囲の人たちを驚かせたくて、それまでの大会にはあまり僕を連れて行かず「隠していた」と笑う。

場所は広島経済大学のグラウンドで、あいにく雨に見舞われたため、土のトラックはグチャグチャだった。さらに向かい風も吹き条件は悪かったが、僕は25秒1の大会新記録で優勝。それまで走れな

中学時代に行っていたサーキットトレーニング、スプリントドリルなど

●9種目サーキット（1人用）×2〜3セット

①腹筋（20〜30回）

・反動をつけない
・上げたら約1秒止める
・ゆっくりおろす

②背筋（左右10〜15回）

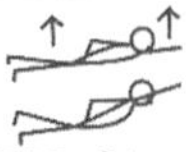

・注意事項は①と同じ

③ハムストリングス（左右各10〜15回）
（太ももうら）

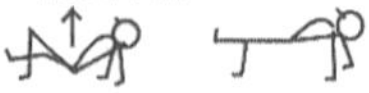

・ゆっくり腰を上げ下げする

④腕立て伏せ・広（10〜15回）

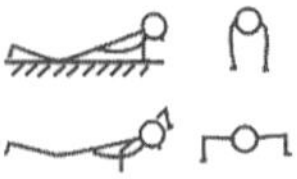

・手は肩の横につく
・地面につくほど胸を下ろす
・膝をつけて行う
・曲げながら息を吸い，上げる時強く吐く
・ゆっくり曲げ，強く上げる

⑤二重跳び連続
（計50〜100回）

・足首で跳び，膝を曲げないよう

⑥腕立て伏せ・狭
（10〜15回）

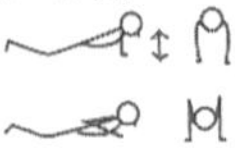

・注意事項は④と同じ

⑦スクワットジャンプ（10〜15回）

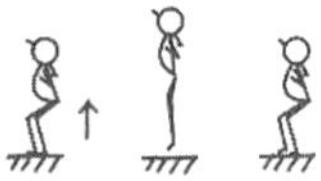

・膝をつま先より前に出さない
・あごを上げ斜め上を見る

⑧低鉄棒背面けんすい（5〜10回）

・頭の後ろで腕の曲げ伸ばしをする
・肘は90度程度曲げる

⑨ジャンプランジ

・1回ずつ
・前足でつっぱりジャンプして元に帰る

●スプリントドリル

①トロッティング

足首，膝をやわらかく左右入れ替え

②トロット

③踏み付け上下

④連続A

・踏み付け連続

⑤振り戻しB

⑥連続B

⑦組み合わせ前進

①〜④までその場で往復4回行い，④と⑥を前進しながら4回行う。

●ハードル両足連続ジャンプ（5〜8台）

・両足が地面についている時間をできるだけ短くする。ポンポンと跳ねるように。
・1.0m，60cmから始めて，だんだん広く，次に高く。

●ハードル片足連続ジャンプ（5〜8台）
（いわゆるケンケン跳び）

・ミニハードルがない場合，線を引く。
・3〜4m助走をつけて1台目に入る。
・間隔は自分に合った広さで，1.6m〜3.0mくらい。

かった鬱憤《うっぷん》を一気に晴らすかのように、僕の走りはぐいぐいと力強くて〝デビュー戦〟のインパクトはかなり大きかったみたいだ。「あれは誰だ？」という声を聞きながら、先生はきっと心の中でニンマリしていたのだと思う。

秋には広島市の中学新人大会に出て、１００mは12秒３で２位、２００mは24秒５の大会新記録で２年生を退けて優勝した。

初めての全国大会

その後も、鉄棒から落ちて手首を骨折したりとアクシデントはあったのだが、中学２年の目標は「全国大会出場」になり、８月の全日本中学校選手権（略称・全日中）に出場が決まると「決勝進出」が新たな目標になった。

１９９２（平成４）年の全日中は、新潟で行われた。僕の初めての全国大会ということになる。広島からどうやって新潟まで移動したのかはっきり覚えていないが、京都で乗り換えて北陸へ向かったような気がする。

その年まで全日中の１００mは学年別で行われていて、「２年１００m」が僕の出場種目。予選、準決勝と順調に突破して、決勝に出られたので目標は達成した。決勝は11秒49（＋1.0）で７位。中内（哲也、北海道・滝上中）君が11秒34で優勝した。

初めての全国大会だった中2（1992年）の全日中は2年100mで7位だった

中内君は前半型のランナーで、本来は野球の選手だったと記憶している。それ以来〝打倒・中内〟が僕の目標になった。どうやったら中内君に勝てるかを毎日のように考えて、授業中もノートにそれを書いていた。陸上の専門誌に載る記録ページを見るのが大好きで、何県の誰々がいくつで走ったとか、この選手はライバルになりそうとか、いつも調べて楽しんでいた。

初めての全国大会だったが、特にあがることはなかったし、7番だったとはいえ自分では手応えのあるレース内容に思えた。中内君らに前半はガーッと行かれたものの、ゴール前でググッと縮まる感触があった。「これは行ける」と思って2ヵ月後のジュニアオリンピック（Cクラス１００ｍ）に臨み、11秒32（－1.0）で4位になっている。

この時も優勝は中内君で、11秒28。全日中では０・１５秒差だったのが、今度は０・０４秒に縮まった。

ジュニアオリンピックの時は「前半で中内君がこう来るから、自分はこうやって走ろう」というようなイメージを膨らませてレースに臨んでいた。案の定、スタートして中内君が飛び出して行った。でも、イメージしていたからか全日中の時よりも冷静で、中盤も思っていたほど置いて行かれず、詰まった状態でゴールになだれ込んだ。

「これだったら、もっと前半から行けば中内君に勝てる」と正直思った。河野先生も「来年は勝てるで」とは1度も言わなかったが、勝算はあったと思う。中学2年で全国大会を経験し「全国でも自分の足は速い方なんだ」というのがわかって、陸上がますます好きになった。

僕が具体的に「誰に勝とう」「どうやって勝とう」と真剣に考え始めたのが、その頃だったのではないだろうか。

中学時代のトレーニング

中学生の頃は、ずっと河野先生の言うとおりに練習をやった。先生はどちらかと言うと、僕に練習をやらせないことに労力を費やしていたと思う。「これ以上やるな」とか「今日は休め」と言われることが多かった。走らない日を決められて「今日は砲丸投をやれ」と言われる時もあった。

きちんと走った日は、週に2回ぐらいだったと思う。それ以外の日はハードルを跳んだり、スプリントドリルをやったり。朝はサーキットトレーニングが主だった。

走練習の時は「ピッチを出すな」とすごく言われた。200mとかで速く脚を回転させようとすると「速く回すな」と。「ゆっくり回せ」と「腰を高く保て」の2つは、しょっちゅう言われた。

僕の走りが股関節を開いて、大きな腕振りで、ストライドも大きいフォームだったので、先生は「本来の大きな動きを生かしたかった」と言う。ただ、脚の動きそのものは「前さばきをきちんとして、後ろに流れないように」と言われた。

しかし、僕が一時足首の使い方を間違ったらしく、足首を動かして、ひっかく感じで地面をとらえている時期があった。中学2年の冬だったか、カカトを浮かせてつま先で走るようになっていて、先生に「ちょっと意識が違うな」と指摘されたことがある。

僕は元々、筋持久力があったのか、300mなどの練習タイムも速かった。河野先生は、早い段階で400mへの適性を見抜いていたと思う。それでも、中学時代は「筋持久力より最大スピードの獲得がメイン」ということで、基本的な練習は加速走だった。20m加速の50m走など。それも、90%から95%の力で走るもので「全力で走るのは試合だけ」と言われた。

中学時代の練習はそんなにきついと思ったことはないが、200m×4本を2セットというメニューは、結構きつかった覚えがある。冬季の練習では、200mを80%の力で5分に1本。セット間は10分の休憩。シーズンが近づくにつれてリカバリーを短くしていって、最後は3分に1本まで縮める。といっても、この練習は負担が大きいので、数えるぐらいしかやってない。

先生と種目選択の話し合い

学業そっちのけで陸上競技にのめり込んでいった僕は、年間スケジュールも自分で考えた。実際の練習メニューは先生が作ってくれたが、たとえば中学3年時にいつ、どの大会に出て、どこで記録を狙うか、など。そういうプランニングがすごく好きだった。

ここからここまではスピード持久力のトレーニングを入れて、ここで三種競技の試合に出て……というように。そうやって自分から先生に申告できる自由度を満喫していた。県の合宿に行っても「今日はハードル・ブロックに入ります」とか「今日は跳躍に入ります」と言って、ある意味わがままにやらせてもらっていた。

3年の全日中は神戸だったが、それに向けて種目を何にするか。2年生の冬に、河野先生と体育教官室で何度も話し合った覚えがある。「全国で1番になろう」という目標が決まり、それにはどの種目がいいか。100m、200m、400m、110mハードル、走幅跳、三種競技のA・B（男子はAが100m、砲丸投、走高跳、Bが砲丸投、走幅跳、400m）。いずれも日本一になれる可能性があったんだと思う。

先生は自ら「この種目がいい」とは言わず、僕に「どの種目が好きなんだ」と聞いてくれた。2人でまず合意したのが、200mだった。「200mなら確実に狙える」という判断だ。

実際、200mは後半にグーンと伸びてくるので、負ける気がしなかった。おそらく100mのタイムの2倍ぐらいで200mを走っていたと思う。そんな中学生はあまりいなくて、当時は「何でみんなはそれができないの？」と思っていた。

全日中は1人2種目だから、もう1種目を何にするか。「確実に」

「食べること」の重要さを認識

家庭での食事は母親の文枝さんが栄養バランスを考えて作ってくれていたが、為末大は中学校の給食も好き嫌いなく何でも食べた。その食欲たるや旺盛で、自分のクラスでお代わりがなくなると、隣の教室にスルッと入って行って担任の先生にぴょこんと頭を下げ、残った給食をもらってきたという。「食事中は出歩くな」と指導している河野先生も、苦笑いするしかなかったそうだ。

中学2年の中国地区大会の時にも、食に関して有名な話がある。他の選手がウォーミングアップを始めているのに、大はベンチで寝転んでいた。ある先生が「何をしている？」と聞くと「僕は今、ご飯をエネルギーに変えているんです」と答えたとか。朝食はご飯をお代わりして食べていた。河野先生は「その頃から炭水化物がエネルギーの源だというのを知っていたんですね」と、大の非凡さに驚いたそうだ。

と言ったら400mだったかもしれないが、先生は「400mと言ってほしくなかった」らしい。僕が400mをやるのは、もっと先でいい。そう思ってくれていたようで、僕が「100mをやります」と言った時には、内心ホッとしたという。

なぜ100mかと言えば、一番速い人を決める種目だし、「100mのチャンピオンは格好いいなあ」といつも思っていた。参加人数が一番多い種目で、1番を狙ってみよう。そんなチャレンジ精神からだった。

ちなみに、僕が中学時代に400mを走ったのは三種競技Bで2回だけ。3年の全日中の10日後に行われた広島市中学総体で、49秒07の県中学新記録をマークしている。その時は走幅跳で6m90、砲丸投で12m68という記録を出し、合計3354点は日本中学新記録だった。

中3の全日中で100m、200mの2冠

河野先生と話し合って、中学3年のシーズンは2つの大きな波を作ることにした。1つは夏の全日中、もう1つは秋のジュニアオリンピック。全日中は順位を優先し、ジュニアオリンピックで記録を狙う計画を立てた。そのために先生が緻密な年間スケジュール表を作ってくれて、合間に大小いろいろなレースを入れていった。各大会や記録会にはそれぞれ目標タイムを設定し、重要度もランク付けした。大事な大会の前は、原則的に「2日練習して1日休養」というパターンだった。

1993年に神戸市で開催された中3の全日中100mで頂点に立って喜ぶ為末。だが、向かい風2.5mの悪条件だったため優勝タイムが11秒08にとどまったのには不満が残った

為末少年は1991年の東京世界選手権100mに世界新記録（当時）で優勝したカール・ルイス（米国、右）に憧れていた。左はルイスの後輩であるリロイ・バレル

中3の全日中100mで優勝した為末（左）は、前年の全日中とジュニアオリンピックで優勝している"宿敵"中内（中央）をついに倒した

そして、93年8月に神戸で行われた全日中。その頃、僕のあこがれはカール・ルイス（米国）で、神戸に行く前から「カール・ルイスになりたい」と思っていた。僕がちょうど中学生になった年の91年、東京で世界選手権が開かれた。家族と一緒にテレビにかじりついていた僕は、男子100m決勝で9秒86の世界新記録（当時）を出して優勝したルイスに魅了された。

前半はデニス・ミッチェルやリロイ・バレル（ともに米国）に大きく遅れていたのに、80mあたりから一気に攻め上がって逆転ゴール。2年の全国大会で前半型の中内君に勝てなかった僕は、3年の全日中でルイスと同じレースがしたかった。金メダルに輝いたあのルイスのように、格好いいゴールをみんなに見せたかった。

この年から学年別ではなくなった男子100mには100人以上がエントリーしていて、1次予選、2次予選、準決勝、決勝と4本のレース。僕は順調に勝ち進んで、大会2日目の決勝のスタートラインに並んだ。そこで、フライングを犯したのが僕だった。照れ隠しに思わず舌をペロリと出して、頭を叩く。たぶん緊張していたのだろう。スタンドにいた河野先生は「アッ」と思って、かなりヒヤヒヤしたそうだ。

前年の全日中で「2年100m」のチャンピオンだった中内君がやはり強くて、序盤はリードした。が、僕も1年前ほどリードを許していない。僕が中盤で抜け出すと、そのまま先頭でゴール。11秒08（−2.5）で、初の全国チャンピオンになった。2番の中内君は11秒19だった。

あれだけ〝打倒・中内〟に燃え、1年間練習をやってきて、ついにその夢がかなった瞬間。「うれしい」のひと言だった。

先に行われた100mで勝って、精神的にだいぶ楽になった。200mの方が得意なので、そっちは記録も狙いたかった。いくら向かい風が強かったとはいえ、100mで11秒を切れなかったのは悔しい。200mの決勝の前に、僕は先生に聞いた。「先生、本気で走っていいですか?」と。「いいよ」という返事をもらった僕は、コーナーの出口へ全力で突っ込んだ。早くもトップだ。しかし、前半で力を使ったおかげで後半失速。どうにか逃げ切ったものの、2番に入った選手に追い上げられて、タイムも22秒00(−1.2)と伸びなかった。

この年、五日市中学校は4×200mリレーでも全日中に出場していたが、予選で敗退している。僕が個人種目を1つにしてリレーを走っていたら、少しは戦力になっただろうか。それでも、仲間や先生は何も言わず、僕の短距離2冠を喜んでくれた。

ただ、僕は素直に喜べずにいた。神戸から広島に帰る車中も、自然と無口になった。

「大、何でしゃべらんのや」と先生。

「僕、カール・ルイスになれなかった」

まず、100mも200mも記録が悪かった。200mは得意なはずなのに、ラストで追い上げられた。後半で伸びてくるルイスのレースとはほど遠く、ショックは大きかった。

僕が落ち込んでいるのを見て、河野先生は「全力で行っていいか、と聞かれた時、もっと適確なアドバイスをしていれば失速しなかったはず」と後悔したそうだ。

中3の10月に徳島県で行われた東四国国体の少年B200m。準決勝で5年ぶりの日本中学新記録となる21秒54（＋0.1）をマークした為末（中央）は、決勝では高1の西川康秀（北海道・函館大有斗高、左）に負けて2位ながら21秒55（＋1.1）で従来の中学記録（21秒58）を上回った

200mで中学新記録を連発

全日中で勝って、秋は「中学記録を狙う」と先生と話した。その頃は、何でもできる、何でも思い通りになると思っていた。天狗になりつつ「もっと行くぞ」と気持ちはさらに前向きで、やるべきことはきちんとこなした。

中学3年の10月の最終週は、1日も学校に行ってない。まず東四国国体で徳島の鳴門に行き、その後ジュニアオリンピックに出るためにまっすぐ東京へ向かった。

93年の東四国国体といえば、成年男子Aの100mで朝原宣治さん（当時、同志社大）が10秒19の日本新記録（当時）を出した大会だ。僕は中学3年と高校1年が出られる少年Bクラスの200mに出た。結果から言えば、高校1年生の西川康秀さん（北海道・函館大有斗高）に負けて2位。終盤で追い上げたが、トップには届かなかった。

しかし、目標の「記録」には手が届いた。予選は21秒

国体の200mから6日後、東京・国立競技場で行われたジュニアオリンピックのBクラス200mで高校1年生にも競り勝って優勝し、またも中学新記録となる21秒36を樹立した為末

91（＋2.1）だったものの、準決勝で21秒54（＋0.1）。桑田隆史さん（大阪・寝屋川四中）が持っていた21秒58の日本中学記録を、５年ぶりに破った。決勝は西川さんが21秒52（＋1.1）で、僕は21秒55。準決勝の記録にはわずかに及ばなかったが、またも桑田さんの記録を上回った。

中学新が出たうれしさと、優勝できなかった悔しさとが入り混じって、あの時は複雑な心境だった。先生は「あれ以上速く走るとケガが怖いから、これぐらいでいいんだ」と言った。先生が中学時代に一番気をつけたのは「ケガをさせないで高校へ行かせること」だったという。そのために、追い風のレースになると「無理するな」と言われた。

10月29日の金曜日に国体が終わって、翌日に東京へ移動し、10月31日に国立競技場で行われていたジュニアオリンピックのＢクラス（高１～中３）２００ｍに出た。これも予選、準決勝、決勝の３本。疲労もたまっていたが、中学生でただ１人決勝に進むことができた。

準決勝の頃は２ｍを超える向かい風が吹いていたのに、決勝は軽い追い風。僕は井盛雅さん（埼玉・伊奈学園総合高）と競り合いながらトップでゴールし、何と21秒36（＋0.3）の好記録をマークした。国体で出した21秒54をさらに更新する日本中学新記録だ。正式記録を聞いた僕は、思わずガッツポーズを繰り返した。先生は「そんな記録が出ちゃっていいのだろうか」と、逆に心配になったそうだ。

国体の時は準決勝で21秒54が出て、決勝は21秒55。勝負を意識したのか、決勝レースは「前半を抑え過ぎた」という感覚があった。だから、ジュニアオリンピックの時は「前半から飛ばして行こう」と思って走ったら、21秒36まで記録が伸びた。

行け行けどんどんの1週間はこうやって予想以上の成績で終わり、ジュニアオリンピックが終わってから先生に東京・原宿の竹下通りに連れて行ってもらったのを覚えている。ジュニアオリンピックの表彰式のプレゼンターは、前年のバルセロナ五輪に男子100mと4×100mリレーで出場した井上悟さん（当時・日大）だった。

ハイソックスと短ソックスの違い

当時の写真を見てもらうとわかると思うけど、レースで履いている靴下がハイソックスの時と普通の短いソックスの時があった。それに気づいた記者に「どういうふうに分けているのか」と聞かれたことがある。

別に大きな意味があったわけではない。「自分の特徴がほしかった」というぐらいの理由だと思う。なぜだかわからないがハイソックスを履いてレースに出たことがあって、決勝は「短い方が軽いかな」と思って普通のソックスにした。あえて理由づければ、きちんとした時だけ「足かせを取る」というようなことが好きだったからかもしれない。

以後もその意識は持っていた。本気の時だけやることを、普段はなるべくやらないようにする。「大事なものを取っておく」というか、自分の中で本気とそうではない時とを分けていた。たとえば、試合でも本気でない時は、タイツをはいて走った。しかし、世界大会はすべてランニングシャツとラン

中学時代の為末には準決勝まではハイソックスを履き、決勝では「足を軽くするため」短いソックスに履き替えて〝勝負〟していたエピソードがある

ニングパンツだけ。日本選手権でもタイツで走った時があったと思う。本当はランパンの方が走りやすかったのに、世界大会に取っておいた。

いざ本気の時に日常と違うことをやるのが好きで、単純に僕の気持ちの問題だった。

陸上競技の技術書を愛読

改めて中学時代を振り返ると、競技以外のことの記憶がほとんどない。中学2年で全国デビューし、3年で全国を制覇。その頃に「俺は将来、陸上で食っていける」と思い始めて、教室の勉強はおろそかになった。今考えると、本当に危なっかしい。

教室で、先生の目を盗んで脚の上に開いていたのは、陸上の専門誌や技術書だった。教科書は折り目もないほどまっさらなのに、それらの本は手垢《てあか》で汚れるほど。人体の解剖図を見て筋肉・骨格の名を覚えたり、「初動負荷理論」を説いた小山裕史さんの「新トレーニング革命」、さらに高校生になってからはその続編の「新訂版 新トレーニング革命」をむさぼるように読んだ。陸上に関しての知識欲は、相当強かった。

中学3年の時に読んだ内容で、今でもはっきりと覚えているのが「月刊陸上競技」で特集された「スプリントに革命が起こっている」（1993年3、4月号／石塚浩氏著）というタイトルの記事。91年の東京世界選手権で来日したカール・ルイスらの疾走フォームを分析し、バイオメカニクスの面から考察された内容だった。

論文のような記事だったので中学生にはむずかしい中身だったと思うが「これからの走りはこう変わるんだ」と思って読むと、おもしろかった。大事な箇所に自分でマーカーを引いて何度も読んだ。要するに、股関節、膝関節、足関節の伸展速度と、疾走スピードの関係を探ると、ルイスらはあまり相関関係が見られない。だから、足が接地する時、膝や足首の関節の曲げ伸ばしにあまり気を配らなくていい。ルイスは膝関節を伸ばす動作を、ほとんど行っていないという話だった。

今まで言われていた「膝をよく曲げてお尻に引きつける」とか「腿を高く上げる」というようなことよりも、大事なのは「脚全体を身体の前方で速く振り戻すこと」。その記事を読んだ僕は「キックという時代が終わって、スウィングという時代が来るんだ」と、同級生に滔滔《とうとう》と語った覚えがある。

自分でもスウィング型の練習をしようと思って、以前から僕は足首が積極的に動くクセがあったんだけど、それをどうやって抑えるか考えた。スプリントドリルで毎日というほどやっていたトロッテイングもやめた。３年の最後の方は部活も引退し、自分でやっていたので、河野先生は特に何も言わなかった。

最後は楽しむ者が勝つ

僕が中学校で河野先生と出会えた意味は、ものすごく大きい。あれだけ僕のことを大局的に考えてくれる指導者でなかったら、オリンピックに出るような選手になれたかどうか。それこそ先生が本気で指導して400mを僕にやらせていたら、中学時代に47秒台とかが出ていたかもしれない。ただし、途中でバーンアウトしていただろう。

先生と僕はお互いに意見を出し合って、すり合わせていくというやり方だった。「君は何がやりたい?」「君はどう思う?」と聞いてくれて、僕の提案を尊重してくれた。僕は、早い段階から「自分の意見を言って、それが通る」という体験に慣れていた。

そして、先生は「最後は楽しむ者が勝つ」というスタンスだった。当時はあまり深く考えなかったが、そのスタンスで指導してもらったので、陸上漬けの日々が楽しかったんだと思う。たまには「勉強しろ」も言われたけれど、「ど

憧れていたカール・ルイスの疾走フォーム

中学時代の〝為末少年〟は、憧れだったカール・ルイスら1991年の東京世界選手権で来日した一流選手の疾走フォーム分析から多くのことを吸収した

うせやらないならこれを読んでろ」と運動力学の本をもらった覚えもある。

　中学時代までは快進撃が続き「高校生になったら10秒２あたりまで出ちゃうのかな」と、自分で想像してワクワクしていた。「だったら、２００ｍは20秒４だな」という計算もしていた。天狗になりそうな鼻をポキポキ折ってくれていたのが先生や家族だったが、高校生になるとすぐに天狗の鼻を根元からへし折られる事態が発生した。

為末の日本中学新記録樹立2大会の記録証を掲げてカメラに納まる中学時代の恩師・河野裕二先生〔2012年10月撮影〕

１９９４年３月10日発行
広島市立五日市中学校「陸上競技部通信」
陸上競技と私、卒業にあたって（為末　大）

　僕が陸上部に入って一番に感じたことは、先輩と後輩の仲の良さでした。中学校では先輩にいじめられるのがあたりまえ、と思っていた僕にとっては、とても嬉しいことでした。そんな雰囲気の中でのびのびと練習ができ、今年はいろいろな大会で活躍することが出来ました。これからもずっと、先輩をあだ名で呼べるようなクラブにしていって下さい。

　また、河野先生にはいろいろ迷惑をかけましたが、３年間楽しく陸上をすることが出来ました。ありがとうございました。世の中には、こんな生徒もいるんだと、今までのことは水に流しましょう。まことに簡単ではございますが、これを卒業の言葉とさせていただきます。どうもありがとうございました。

河野先生よりお祝いの言葉

　為末君、卒業おめでとう。本当に、良い経験をしましたね。３年間はあっという間に過ぎたかもしれませんが、君を支えた仲間と、まわりの方々への感謝の思いを生涯大切にして下さい。～（中略）～　君は、はた目で見るほど大ざっぱではありません。自分の頭で常に何が一番いいのかを考え、繊細な計画のもと実践して下さい。ゴルゴ13でなくてはなりません。そして、その人柄で、多くの友人とともに陸上競技を楽しみ、苦しんで欲しいと思います。本物のアスリートとなって、夢を追いかける姿を４００ｍのトラックに咲かせて見せて下さい。～（中略）～

　中学新記録は、君自身と私を含むまわりの人々への最高のプレゼントでした。さらなる飛躍を心より祈ります。

■5月の大会がない週の練習計画例（100m，200m）〔河野先生提供〕

月	朝	体力A（メディシンボール投げ＋９種目サーキット）
	午後	ウォーミングアップ（ストレッチ・基本ジョッグ60m×８）、 走補助×３、20m加速リズムスプリント走60m×５、 （300m×２）×２テンポ走（90%／９分に１本／セット間18分）、 20m加速50m走×２（５分に１本）
火	朝	体力B（メディシンボール投げ＋跳躍のT）
	午後	ウォーミングアップ（ストレッチ・基本ジョッグ60m×８）、ハードル補助・基本×３、 20m加速リズムスプリント走60m×５、10m加速150m×１＋20m加速100m×１、 スタートダッシュ30m×２・60m×１
水	朝	休養
	午後	ウォーミングアップサーキット×２、走補助×３、20m加速リズムスプリント走60m×５、 片手スタートショートスプリント30m×３・60m×２、10m加速200m×４（13分に１本）、 スタートダッシュ30m×３・60m×２
木	朝	体力A（メディシンボール投げ＋９種目サーキット）
	午後	ウォーミングアップ（ストレッチ・基本ジョッグ60m×８）、 ハードル補助・基本×３、20m加速リズムスプリント走60m×４
金	朝	体力B（メディシンボール投げ＋跳躍のT）
	午後	ウォーミングアップ（ストレッチ・基本ジョッグ60m×８）、 走補助×３、20m加速リズムスプリント走60m×５、 （200m×２）×２テンポ走（90%／７分に１本・セット間14分）、 20m加速50m走×２（５分に１本）
土	朝	休養
	午後	ウォーミングアップ（ストレッチ・基本ジョッグ60m×８）、 走補助×３、20m加速リズムスプリント走60m×６、 片手スタートショートスプリント30m×３・60m×２、 ５m加速300m＋10m加速200m＋10m加速150m（レペティション・休憩20分）、 スタートダッシュ30m×４
日	休養日	

■夏の練習計画例（100m，200m）〔河野先生提供〕　※体力トレーニングに重点を置いた週

月（強）	体力A＋大休憩，20m加速リズムスプリント走60m×４， テンポ走①②③④から選択＋小休憩，加速走×２
火（中）	体力B＋走の補助×２セット＋大休憩， 20m加速リズムスプリント走60m×４ 片手スタートショートスプリント30m×３・60m×２＋小休憩， 短距離以外の種目練習
水	休養日
木（強）	体力A＋大休憩，20m加速リズムスプリント走60m×４， 片手スタートショートスプリント30m×２・60m×１＋小休憩 加速走①②③④から選択＋小休憩，スタートダッシュ30m×３
金（弱）	体力B＋大休憩，ハードル補助・基本×2セット， 20m加速リズムスプリント走60m×４， 片手スタートショートスプリント30m×２・60m×１
土（中）	ウォーミングアップ＋走の補助×２セット＋小休憩， 20m加速リズムスプリント走60m×４， 片手スタートショートスプリント30m×２・60m×１＋小休憩，加速走⑤
日	休養日

体力A（メディシンボール投げと９種目サーキット×２～３セット）
体力B（ハードル利用のジャンプトレーニング）
テンポ走＝①300m×２×２，②200m×２×２，③150m×２×２，④100m×３×２
加速走＝①300m×３，②200m×３，③150m×３，④100m×３，⑤200m×１＋150m×１＋100m×１

1993年　為末 大・200m（国体・ジュニアオリンピック用）計画・実際

広島・五日市中学校陸上競技部

〈目標〉
①中学校陸上競技生活のまとめとして、高校につながるレースをする。高校以降の競技生活の土台となるような有意義な練習をする。
②高校1年生を含む国体かジュニアオリンピックで、200mの自己新記録を達成するともに、勇敢に中学新記録の達成を目標とし挑戦していく。ここでは自己新記録の達成が大きな目標となり、順位よりも、中学記録に勇敢に挑戦していくことが大切になる。自己新記録の達成は、おのずから3位以内の順位を獲得させてくれるはずである。健闘を祈る。
③自分自身の身体と対話しながらトレーニングを行いレースに臨むこと。とにかくこの時期、怪我をしないことがもうひとつの大きな目標である。

月/日（曜）	主な行事と練習時間	実際の内容
9/27（月）	練習・15時20分集合・早朝あり	筋×2、補基×2、バトン分習×2、バトン全習×2
9/28（火）	練習・16時20分集合・早朝あり	筋なし、補基×2、10m加速200m×1、スタート30m×2
9/29（水）	練習・15時20分集合・早朝なし	筋なし、補基×2、バトン分習×2、助走練習（高・幅）
9/30（木）	★休養	★休養
10/1（金）	練習・16時20分集合	大会前のウォーミングアップ、バトン分習×2
10/2（土）	県中学校総合体育大会（三次）	三種競技B（3231点）優勝
10/3（日）	県中学校総合体育大会（三次）	三種競技A（3040点）優勝
10/4（月）	★休養	★休養・回復
10/5（火）	練習・16時20分集合・早朝あり	筋×3、補基×3、200mテンポ走（7' 85%）×4、20m加速50m×1
10/6（水）	練習・16時20分集合・早朝なし	筋なし 、補基×3、15m加速150m（14' 98%）×2、スタート30m×3
10/7（木）	★休養	★休養
10/8（金）	練習・16時20分集合・早朝あり	筋×2、補基×3、200mテンポ走（7' 85%）×4、20m加速50m×1
10/9（土）	★休養	★休養
10/10（日）	国体練習会（広島スタジアム）	国体練習会
10/11（祝）	国体練習会（広島スタジアム）	国体練習会
10/12（火）	★休養	★休養
10/13（水）	練習・15時20分集合・早朝あり	筋×2、補基×3、200mテンポ走（10' 85%）×3、20m加速50m×1
10/14（木）	練習・16時20分集合・早朝なし	筋なし、補基×3、10m加速200m（20' 98%）×2、スタート30m×2
10/15（金）	練習・13時20分集合・早朝あり	筋×2、補基×3、15m加速150m（14' 98%）×2
10/16（土）	★休養	★休養
10/17（日）	練習・14時20分集合・早朝なし	筋×1、補基×3、200mテンポ走（14' 90%）×2、20m加速50m×2
10/18（月）	練習・15時20分集合・早朝あり	筋×1、補基×2、20m加速150m（14' 99%）×2、スタート30m×2
10/19（火）	★休養	★休養
10/20（水）	練習・16時20分集合・早朝なし	筋×1、補基×2、200mテンポ走（14' 90%）×2、20m加速50m×2
10/21（木）	練習・16時20分集合・早朝なし	5×1、補基×2、20m加速100m（14' 99%）×2、スタート30m×3
10/22（金）	★休養	★休養
10/23（土）	国体（徳島）出発	大会前のウォーミングアップ
10/24（日）	国体（徳島）	大会前のウォーミングアップ
10/25（月）	国体（徳島）少年B200m	予選21"91(+2.1)・準決21"54(+0.1) 中学新・決勝21"55(+1.1) ＝2位
10/26（火）	国体（徳島）	★休養
10/27（水）	国体（徳島）リレー	リレー予選、41"00（為末・花田・奥村・沖原）
10/28（木）	国体（徳島）リレー	リレー準決、40"78（為末・花田・奥村・沖原）
10/29（金）	国体（徳島）リレー	リレー決勝、41"70（為末・沖原・奥村・黒木）８位入賞
10/30（土）	ジュニアオリンピック（国立）	★休養、ストレッチ／マッサージ
10/31（日）	ジュニアオリンピック（国立）B200m	予選21"98(+1.1)・準決22"18(-2.4)・決勝21"36(+0.3)中学新＝優勝

■大会前の10日間調整例（100m, 200m）

10日前	①アップ、補助・基本×2 ②15m加速150m全速走×2（15分に1本／95%努力） ③スタートダッシュ30m×3（5分に1本／98%努力） ④筋力トレーニング×2
9日前	積極的休養
8日前	①アップ、補助・基本×2 ②200mテンポ走×2（10分に1本・90%努力） ③20m加速50m全速走×2（5分に1本／95%努力） ④筋×2
7日前	①アップ、補助・基本×2 ②15m加速150m全速走×2（15分に1本／95%努力） ③スタート30m×3（5分に1本／98%努力） ④筋×1
6日前	積極的休養
5日前	①アップ、補助・基本×2 ②150mテンポ走×2（10分に1本／90%努力） ③20m加速50m全速走×2（5分に1本／95%努力） ④筋×1（回数いつもの半分）
4日前	①アップ、補助・基本×2 ②20m加速100m全速走×2（15分に1本／98%努力） ③スタート30m×3（5分に1本／98%努力）
3日前	積極的休養
2日前	積極的休養（移動日）
1日前	①アップ、補助・基本×2 ②20m加速50m全速走×2（10分に1本／98%努力）

※ジャンプ系の補強運動はこの期間実施しない

為末大 中学時代の各種データ

■年次別ベスト記録の推移

年度	学年	100m	200m	400m	110mH	走幅跳	走高跳	砲丸投	三種A	三種B
昭和63年度	小４	14"2								
平成元年度	小５	13"4								
平成２年度	小６	13"2	（全国少年少女県予選２位・県営陸上競技場・７月）							
平成３年度	中１	12"3	24"5							
平成４年度	中２	11"1	22"3			5m70	１m63	10m47	2702点	
平成５年度	中３	10"6	21"36	49"07	14"6	6m90	１m85	12m81	3188点	3354点
		中国中学新	日本中学新	中国中学新	県中学新	県中学新			中国中学新	日本中学新

※200mの日本中学新記録:21"36（+0.3）は10月31日，第24回ジュニア·オリンピック決勝（国立競技場）
※三種競技Bの日本中学新記録:3354点〔走幅跳6m90（+0.6），砲丸投12m68，400m49"07〕は8月30日，広島市中学総体（広島広域）

■年次別スポーツテスト（体力診断）の結果

学年	年齢	実施日	反復横とび	垂直とび	背筋力	握力	上体そらし	立位体前屈	踏み台昇降	得点級
中学１年	12歳11ヵ月	'91H3.5.11			115kg	35kg			82.6拍/分	
中学２年	13歳11ヵ月	'92H4.4.24	48回	76cm	157kg	54kg	57cm	21cm	83.3拍/分	31点A
中学３年	14歳11ヵ月	'93H5.4.23	60回	85cm	212kg	49kg	70cm	21cm	91.8拍/分	33点A

■年次別スポーツテスト（運動能力）の結果

学年	年齢	実施日	50m走	走幅跳	ハンドボール投げ	懸垂腕屈伸	持久走1500m	得点級	備考
中学１年	12歳11ヵ月	'91H3.5.11			21m	15回			膝リハビリ中
中学２年	13歳11ヵ月	'92H4.4.24	6.5秒	５m70	28m	15回	５分04秒	77点２	
中学３年	14歳11ヵ月	'93H5.4.23	6.4秒	６m17	30m	25回	５分04秒	89点１	

■年次別形態

学年	年齢	身長	体重	胸囲	座高	大腿周囲	下腿周囲	腰周囲
誕生時53.5.3	０歳０ヵ月	51.0cm	3.75kg	35.0cm				
小学６年４月	11歳11ヵ月	148.5cm	39.4kg	74.2cm	76.1cm			
中学１年４月	12歳11ヵ月	157.2cm	47.7kg	77.6cm	81.0cm			
中学２年４月	13歳11ヵ月	165.4cm	56.2kg	86.1cm	84.2cm			
中学３年４月	14歳11ヵ月	168.5cm	61.5kg	88.4cm	87.1cm			
中学３年９月	15歳４ヵ月	169.2cm	62.5kg			左脚 右脚	左脚 右脚	
中学３年１月	15歳８ヵ月	169.5cm	64.0kg	89.5cm	87.7cm	54.5cm 54.5cm	38.3cm 39.0cm	90.5cm

DAI STORY

第3章

「懊悩期《おうのう》」

100mへのこだわりと種目変更の葛藤

高校選択の決め手

1996（平成8）年に国体を控えていた広島県は、それに向けての強化を進めていて、広島市立の沼田高や県立の広島皆実高に体育科が設置された。国体のためだけではないだろうが、皆実高に体育科ができて3年目の94年に僕は同校に進学した。ちょうど高3で地元国体を迎えるという、絶好の巡り合わせだ。

僕が高校3年間お世話になった長谷川泰先生は、体育科ができた年に五日市高から広島皆実高に異動になった。「女子の陸上を強化する」というのが使命だったらしい。そもそも皆実は女子高で、普通科と看護科があった。僕ら男子を受け入れるに当たって、長谷川先生が上の人に掛け合い「男女の陸上を強化する」ということにしてもらったそうだ。

中学時代にいろいろな記録を出していたこともあり、他県の高校からもいくつか勧誘があった。いずれも、インターハイで総合優勝を争うような陸上の強豪校。県の陸上関係者は「為末を県外に出してはいかん」と気を揉《も》んだようだが、僕自身、広島から出る気はさらさらなかった。その頃は「ずっと広島にいよう」とさえ思っていた。広島という土地も仲間も家族も好きだった。

広島皆実に決めたのは、姉の愛が五日市高で長谷川先生に教わっていることが関係しているかもしれない。五日市中学校時代の河野（裕二）先生も、高校の長谷川先生も、元々姉の恩師だった。

最大の決め手は、家から通えること。県内の高校でも、家を出て寮生活というのはまったく考えら

為末（左）が広島皆実高に入学する直前、同校の校庭で陸上部顧問の長谷川泰先生と

れなかった。皆実高は広島市のど真ん中にあって、僕はJR山陽本線で通った。自宅の最寄り駅の五日市まで自転車で行き、30分ぐらい列車に乗って、広島駅から学校まではまた自転車。合わせて1時間ほどの通学時間で、朝練習のために家を6時半ごろ出ていた。

体育科は各学年に1クラスしかないけれど、いろんな競技で強い選手が集まっているので、結構おもしろかった。皆実高はサッカーがメインで、僕が在校中にインターハイで3番になっている。ちょうどJリーグとかが注目され始めた時期で「うらやましい」と思った記憶がある。「サッカーばっかりチヤホヤしやがって……」と歯噛みし、「いつか陸上の存在を知らしめてやろう」と心の中で思っていた。

学校のグラウンドもサッカーのコートが真ん中にデーンとあって、陸上のトラックはなかった。「国体に向けての強化」ということで予算がついたのか、僕が入る前の年に直線で124mのオールウェザー走路5レーンが造られた。僕らはそこを往復しながら練習した。

高校入学早々に初めての肉離れ

高校での陸上生活が始まって、まだ1ヵ月も経っていなかった。4月中旬に、国体会場となる広島ビッグアーチ（広島広域公園陸上競技場／現・エディオンスタジアム広島）で行われた国体強化記録会の100mに出場。先生に「無理するなよ」と念を押されていたのに、中学チャンピオンのプライ

高校入学早々の4月中旬の記録会で初めてハムストリングス肉離れのケガをした為末（左）。夏のシーズンは棒に振ったが、秋の愛知国体では少年Bで100m（写真）、400mの2冠に輝いた

ドもあってか、本能からか、ゴールの手前で大きく脚を振り出した。その瞬間、左脚の腿の裏側が捻れたような感じになり「バチン」と音がした。最初は何が起きたのかわからなかったが、医者に診てもらって「肉離れですね」と言われた。

これが、人生初の肉離れ。その後も何度か筋肉がグリッとするような「捻れる」感覚を味わった。

ケガはしたけれど、その時のタイムは10秒72（＋0.3）の自己ベスト。ケガをしないで順調に進んでいたら、高1で10秒4ぐらいまで行ったかもしれない。それほど記録会の走りは速かった。

高校に入ってすぐのケガは「まあ、こういうこともあるかな」と受け止めることができて、ショックではあったが、あまり深刻にならなかった。世界のスポーツ界で有名な白石宏先生というスポーツトレーナーが、元々広島出身ということもあって僕の家の近くで治療院を開業していたので、そこに通ってハリ治療とリハビリを続けた。身体のバランスが悪くて、右脚に負担がかかっていることも指摘され、それを改善する補強運動のメニューもこなした。

リハビリの途中、5月末の県総体だったか1度レースに出てみたが、スタートして1歩着いただけで「イタタッ」という感じで棄権。その年の富山インターハイはなくなった。

それでも、秋の愛知国体には出場し、少年Bの100mと400mの2冠を獲得している。100mが10秒74（+0.2）、400mは48秒24。感覚的には楽勝だった覚えがある。ケガが治って、ちょっと練習をやれば、すぐに力が戻った感じ。中学チャンピオンのプライドは健在だった。

再度の肉離れでどん底に

ところが、高校2年の時も、ケガでインターハイ路線は途中で断たれた。その時は深刻だった。県予選は100m、200m、400mと個人で短距離3種目を制し、4×100m、4×400mの両リレーも僕がアンカーをやって勝った。5冠達成で気分良く中国地区大会（鳥取・布勢）に行ったものの、最初の決勝種目となった100mの60m付近で肉離れ。今度は右脚の腿裏だった。1年の春先にやった時と同じで「グリッ」と音がして、何とかゴールまで行こうとしたけど、全然動けな

高2のシーズンは県大会で100m、200m、400m、両リレーの5冠を獲得した為末だが、6月の中国地区大会（鳥取）は最初の決勝種目となった100mのレース序盤で肉離れ。1年の春のケガとは逆の右腿裏だった

い。僕が立ち止まった瞬間、スタンドが「ウォーッ」とどよめいたそうだ。応援に来ていた母の耳には、そのどよめきが今でも残っているという。

その夜、長谷川先生は鳥取市内にあるトレーニングジム「ワールドウィング」の小山裕史先生のところへ僕を連れて行った。何とか試合に出られるようにならないかと、藁《わら》にもすがる思いだった。しかし、翌朝の散歩を見て、小山先生は「もう止めた方がいい」と。ジョッグすらできず、長谷川先生が「悪夢だった」と言う高2の中国地区大会は、最悪の結末になった。

人前ではどうにか持ちこたえたけれど、1人になると泣けてきた。「またインターハイに行けないんだ」というショック。2年の時は、全国で勝てる自信があった。それに、100mのレースで2度も肉離れをして「これから俺は全力で走れるのか」という疑問も生じた。

妹の祥《さち》が言うには「このころ我が家の食卓は暗かった」らしい。僕は自分のことで精一杯で家族のことを気にする余裕がなかったが、家族は僕のことを気遣ってくれて、自然と陸上の話をしなくなった。

また走れない日々が続いて、リハビリはやるものの、心は鬱々《うつうつ》としていた。「このまま終わっちゃうのはイヤだな」。「俺、陸上がダメだったら大学に行けないな」。いろんなことが頭に浮かんだ。高1の春も、この時も、最後のギアを入れるあたりでバチッとやった。「もう1回やったら終わりだな」という、100mに対する怖さのようなものも出てきていた。

「とりあえず徹底的に身体を鍛えよう」

それが行き着いた結論だった。高2の冬は朝早く学校に行き、帰りも遅くまで残って練習をやった。それしか頭になかった。

中学チャンピオンの行く末は?

「やるしかない」と覚悟を決めて無茶苦茶練習をした時期は、陸上人生で何度かある。高2のケガの後と、シドニー五輪（2000年）の前の年、そしてプロになった03年の冬。今思えば、高校時代の半分は、外で思いっきり走っているより室内でリハビリしているイメージが残っている。

高校2年から3年にかけての冬は、長谷川先生が出してくれたメニュー以外にもかなりやった。みんなが帰った後に1人で走っている方が、気が楽だった。やるせなさを解消するには、走るしかなかったんだと思う。

95年（高2）のインターハイは僕がケガをした中国地区大会と同じ鳥取の布勢陸上競技場で行われたのだが、リレーの補欠ということで先生が連れて行ってくれて、スタンドで観戦した。100mも400mも「これなら勝てるなあ」と思った覚えがある。400mは高橋弘樹（福島・小高工高）が優勝して、2位が藤森亮（静岡・浜松西高）だったと思う。2人とも僕と同じ2年生だったので、余計に悔しさが募った。

秋にはレースに復帰し、福島国体に出ているが、少年Aの400mで準決勝落ちしている。肉離れをした右脚に力が入らないような感じで、片脚をひきずるような走りだったと思う。その代わり、高校の1つ後輩の奥迫政之が少年Bの100mで3位、400mで2位と大活躍した。

奥迫の台頭を脅威と感じた試合を、今でもはっきりと覚えている。2年の秋だと思う。大会名ははっきりしないが、新人戦だったか、マイルリレーで僕が初めてアンカーをはずされた。それまでアンカーとして腰ゼッケンをつけることしか知らなかったから、それをいつも通りつけようとして「あ、俺じゃない」と思い、奥迫に渡した瞬間の記憶は生々しい。「エースをはずれる」。心は傷ついた。

中学チャンピオンがそのあたりから敗者になるパターンはよくあるケースだ。その頃、自分で「中学チャンピオンのその後」を随分調べた。特に、100mのチャンピオンは20年ぐらいさかのぼって調べた。インカレで勝った人がいたかどうか。オリンピックには数人しか出ていない。「俺もその道をたどるのか」という思いと「このまま終わりたくない」という思いが交錯して、非常に複雑だった。

あと、試合の後に、マスコミの人たちが自分の周りに来なくなる寂しさ。当然、取材は勝った選手に行くから、負けた選手は見向きもさ

為末流“早熟型”の心得

2012年のトラックシーズンが終わろうかという11月初めに、高校2年生の桐生祥秀（京都・洛南高）が男子100mで10秒19（＋0.5）という飛びっ切りのジュニア日本新記録（当時）を出した。為末はそのレースをインターネットで見て、2位の日吉克実（静岡・韮山高）に注目したという。日吉も2年生で、かつての中学チャンピオンだ。為末は「彼の気持ちがすごくよくわかる」と、日吉の内面に思いを寄せる。

今、彼に言葉をかけるとしたらどんなことを？「過去の栄光はなかったことにして、現実を直視し『ここからもう一度やっていこう』と思った方がいい。そうじゃないと、つら過ぎて前へ進めない」。早熟型の選手は「あれは夢だったんだ」と過去を捨て、現実を冷静に受け止めるべき、と為末は言うが、それがなかなかむずかしい。

れない。１度注目を集めたことがある人間は、そういうことに敏感になっている。主役から降りていく悲しさと、取り残されていく悔しさ。思えば僕の陸上人生は、それの繰り返しだった。

友達のアーティストに聞いても、皆1度はそういう寂しさを味わっている。スポットライトが自分に当たらなくなり、光がずれていく寂しさ。嫉妬《しっと》心ももちろんある。でも、走りたくても脚が痛くて走れず、どうにもならない自分がいて、すごくそういう中で葛藤していた。

そのモヤモヤをぶつけるには、無茶苦茶やるしかなかった。脚が治ってからは「いまにみてろ」という気持ちだけで練習した。

ああいう時って、人間は何でもできる気がする。練習で苦しむなんて、何の苦でもなかった。それどころではない。肉体の苦しさより、精神的な苦しさ・悔しさの方がずっと大きかったから。「早く現状を打破したい」。それだけだった。

１００ｍへの強いこだわり

学校の近くに比治山という小さな山があって、長谷川先生はそこで坂道走をよく練習に採り入れた。長いところで３３０ｍ。よく使っていたのが２７０ｍの坂で、斜度もちょうどいい。冬季の練習では週に２回ぐらいやっていた。「泥臭い練習をやっておかないと、本当に強い選手になれない」というのが、長谷川先生の指導の柱だった。

そこで、僕らはゲーゲー吐きながら練習した。走って上り、歩いて下りながら気持ち悪くなると道をそれて吐く。先生には「3年で、まずインターハイ・チャンピオンになろう」と言われていた。

3年になって、またインターハイ路線の試合が始まった。自分が100mにエントリーされてない、ということを最初に耳にしたのは、部室でのうわさ話だったと思う。「そんなはずはない」と思って先生に確認に行くと、本当だった。奥迫が100mと200m、僕は200mと400m。僕は100mに出たくて、何度も先生に食い下がった。

先生の言い分は「100mを走るのはもうリスクが高すぎる」ということだった。1年、2年とケガをし、まだ1度もインターハイに出ていない。「もうケガはさせられない」という思いだったのだろう。100mは「ケガの心配がなくなってから、大学に行ってやれ」と言われた。「とにかくインターハイで1つは取ろう」と。

体育教官室で何度も話し合ったが、自分で納得して「わかりました」という結論には最後までならなかった気がする。人の指示に従わざるを得なかったのは、それが初めてだと思う。それまでは意見の対立があっても、いざとなれば自分の主張が通ることが多かった。

僕は学校を辞めようと思った。他の学校に行けば、100mに出るという選択肢があるような気がした。当時は編入という言葉も知らなかったが、稚拙《ちせつ》な高校生が思いついたアイデアだ。でも、それは現実的ではないと判断して「400mに出るしかないな」と妥協した。

100mは高2の中国地区大会で途中棄権して以来、きちんと走っていない。たぶん、中途半端な

高3になって初めて出場したインターハイ（山梨・甲府）の400mで為末（左から2人目）は8年ぶりの高校新となる46秒27で優勝。2位の藤森亮（浜松西高3年、その右）、3位の山村貴彦（清風高2年、左端）も46秒台というハイレベルのレースだった

気持ちでいるのが許せなかったんだと思う。それは今でも気が済んでいなくて「本当は100mでどれぐらい走れたんだろう」と思うことがある。

ちなみに、僕の100mの生涯記録は、28歳（06年）の時、記録会で出した10秒49（＋1.3）だ。

最初で最後のインターハイ

高校3年の時のインターハイ県予選は100mがなくなったが、200m、400mと両リレー。4冠といきたいところだったが、200mは奥迫に完敗している。優勝した奥迫は21秒13（－0.5）と、当時の県高校新記録。僕は21秒56だった。

中国地区大会（島根・浜山）も200mは奥迫に逆転負けを食らったが、400mと両リレーで勝って3冠。初めてインターハイへの出場権を獲得した。飛ぶ鳥を落とす勢いの奥迫は100mにも勝ち、4冠を達成している。

96年のインターハイは山梨県甲府市の小瀬スポーツ公園陸上競技場が会場だった。ちょうどアトランタ五輪と重なっていた。盆地ということで、皆「暑かった」と言うが、僕はあまり気にならなかった。初めて臨むインターハイで、気持ちが高揚していたのだろう。そこにいることがうれしくて仕方がなかった。

最初の出番の400mは、決勝の最後の直線ですごく身体が動いた覚えがある。予選で48秒38、準決勝で47秒38、決勝で46秒27と、1日で3本走る強行スケジュールなのに、1秒ずつタイムを縮めている。46秒27は、1988年に渡邉高博さん（愛媛・新居浜東高）が出した46秒37を破る日本高校新記録だった。

2位の藤森も、3位の山村貴彦（大阪・清風高）も46秒台の記録だから、高校生の大会としてはハイレベル。僕は6月の日本選手権ジュニア400mで46秒83を出しているのだけれど、その時の200m通過は21秒8ぐらい。でも、インターハイの時は22秒5~6かかっている。それだけラストが速かったということになる。

走りながら「お前ら、今までいい思いをしやがって」と他の選手に対して悪態をついていた。勝った時には、今までの鬱憤《うっぷん》を晴らしたような爽快感があった。「インターハイは勝負、記録は国体で」と長谷川先生に言われていたので、タイムはあまり気にしていなかったが、高校記録はそんなに高いレベルだと思っていなかったので「そのうちに出せる」と考えていた。

大会初日で大きな花火を上げながら、３日目の２００ｍでは４位（21秒65、－2.1）に終わっている。４００ｍの疲労が溜まっていたのだと思う。ただ、奥迫が１００ｍで４位、２００ｍで５位に入って、広島皆実は男子総合で最後のマイルリレーを残してトップに立っていた。２位の市立船橋（千葉）とは１点差。総合の行方はマイルリレーにかかっていた。

結局、市立船橋がマイルで優勝し、広島皆実は３位。４００ｍハードルで優勝した吉澤賢をアンカーに持ってきた市立船橋が、逆に１点差で総合優勝をさらった。僕らはそれほど総合優勝にこだわったわけではないけれど、最後のマイル決戦は大会として盛り上が

１００ｍからはずしたのは「未だに心残り」

高校２年時のケガの話になると、長谷川泰先生（現・宮島工高教）は「悪夢です」と言ったきり寡黙になった。本人や家族だけでなく、顧問も相当悩み、苦しんだのだろう。

為末が１００ｍにこだわる気持ちはよくわかった。「私も短距離をやっていましたからね。陸上競技のロマンは１００ｍです」と。だが、ケガの苦しい思いだけはもう絶対にさせたくない。その狭間で、３年のインターハイ路線から１００ｍをはずすことを本人になかなか言い出せずにいた。「あの決断は未だに心残りです」と、長谷川先生は唇をかむ。

一方で、為末が１００ｍより４００ｍハードルに適性があることは、早くから見抜いていた。「スピード持久力があって、ハードルが跳べて、バネがあって、ですからね。奥迫もそうですが、器械体操をやらせると動きがすごかった。大学に行ったら（専門は）４００ｍハードルだろうと思っていました」

長谷川先生が高校時代のエピソードとして挙げてくれたのが、山梨インターハイの帰路でのこと。総合優勝は逃したが、為末が最優秀選手に選ばれて閉会式に出た。当日、東海道新幹線の新富士駅から広島までの切符は指定席が取ってあり、他の部員は先に新富士駅に向かわせた。長谷川先生と為末、奥迫は閉会式に出た後、甲府からタクシーを飛ばして新富士駅へ。しかし、ホームへの階段を駆け上がろうとしたその時に発車のベルが鳴り、わずか10秒ほどの差で乗り遅れた。

リレーもあったので、15～16人はいたという。「とりあえず行けるところまで行こう」と新幹線に乗り、夜中に着いたのが姫路駅。近くのビジネスホテルに泊まって、あくる朝に広島まで帰ったが「とんだ出費になりました」と、長谷川先生はその話の時だけ笑みをこぼした。

ったと思う。

初めての海外

山梨インターハイの余韻が醒《さ》めやらぬうちに、高3の夏、初めての海外遠征でオーストラリアのシドニーへ飛んだ。パスポートを取得したのは、これが初めて。世界ジュニア選手権という大会がどんなものか全然知らなかったので、まるでお祭り気分だった。インターハイ終了後に1度北海道で代表合宿をやり、全国各地から集まったメンバーと意気投合。奥迫も代表に加わっていた。

しかし、その大会が大きな転機になる。代表になったのはインターハイ・チャンピオンとか日本のトップばかりなのに、試合に出るとボコボコにやられる。「ここでどうやったら勝てるのか」。本当に目指す場所はここだ、と気づいたら、インターハイにこだわっていた自分が小さく見えた。

僕は400mで4位に入ったけど、1位のムーアというアメリカ人はすごく速かった。僕もがんばって46秒03の高校新記録、ジュニア日本新記録を出したのに、全然届かなかった。「もうちょっとでメダル」という思いもあるにはあったが、それより400mハードルのレースが強烈に印象に残った。「ハードルはいい」。そうはっきりと意識した覚えがある。日本選手は予選で落ちているのに、なぜだか「たいしたことないな」と思った。記録を見てそう感じたのか。400mハードルのレースは高3の春、何の大会だかよくわからないまま先生に「1回出ておこうか」と言われて出た。ハードル間

インターハイから半月後、シドニー（豪州）での世界ジュニア選手権に出場した為末（右）は400mでジュニア日本新となる46秒03をマークして4位に入賞。しかし、優勝したムーア（米国、中央）らに完敗したことが400mハードルへ進出することへのきっかけになった

シドニー世界ジュニアのマイルリレーでは為末（右端）を2走に据えた日本チームが銀メダルを獲得。為末と同じ広島皆実高の1年後輩である奥迫政之（左端）が3走、大学生の森田真治（同大、その右）が4走、高橋弘樹（福島・小高工高）が1走というオーダーで3分06秒01のジュニア日本新記録もマークした

のインターバルを途中まで14歩で行って、51秒台だったと思う。

１００ｍへの執着が薄れたのは、そのシドニーの世界ジュニアがきっかけだった。「１００ｍは無理だな」と思い知らされた。それまでも薄々、日本人に１００ｍは無理だということは気づいていた。95年のイエテボリ世界選手権で、４００ｍハードルの山崎一彦さん（当時・アディダスＴＣ）は決勝に残って入賞した。しかし、96年のアトランタ五輪で１００ｍの朝原さん（宣治、大阪ガス）も２００ｍの伊東浩司さん（当時・富士通）も、準決勝で振られている。

世界ジュニアでは、それを自分の目で確かめた。１００ｍはダメだけれど、４００ｍは何となく行ける気がした。さらに４００ｍハードルには〝隙間〟を感じて「最終地点はここかな」と思った。そうなるとすぐに動きたい性分だから、サブトラックで吉澤賢ちゃんと一緒にハードルを跳んだりしていた。でもすぐに、日本チームの監督の石塚（浩）先生に「まだリレーがあるんだから止めろ」と言われてしまった。

マイルリレーは小高工高（福島）の高橋、僕、奥迫、森田真治

ライバルだけど、やんちゃ仲間

為末が高校時代、ライバル台頭として脅威に感じていた1つ後輩の奥迫政之は東海大に進み、のちに末續慎吾（ミズノ）らと男子の〝短距離王国〟を築いた。高校では為末が苦悩する姿を間近で見ながら「直接倒してやろう、という気持ちはなくて、ライバルだけど、一生届かないライバルだと思っていた」と言う。それだけに、先輩が４００ｍにシフトしてからは「気が楽になった」そうだ。

奥迫が「今だから話せる」というエピソードを明かしてくれた。世界ジュニア選手権でシドニーへ行った時のこと。初海外に興味津々の為末が、髪を染めると言い出した。２人でスーパーマーケットに行って、カタコトの英語を駆使して茶色のカラー液を買い、ホテルに戻ってから奥迫が為末の頭を短く刈り髪染めもした。「２人ともやんちゃでしたから」と笑う奥迫。帰国してから長谷川先生にこっぴどく叱られ、為末はすぐに黒色に染め直した。

さん（同志社大）のオーダーで３分06秒01のジュニア日本新記録をマークし、銀メダルに輝いている。シドニーは４年後にオリンピック開催を控えていた。帰りの機内では「どうやったらもう１回ここに来られるか」をずっと考えていた。何の種目で出られるんだろう。もう１００ｍには戻れないな。４００ｍならマイルリレーで出られるかな……などと空想は広がっていった。

いくら高校生に「世界を目指せ」と言っても、実際にその場に行ってみないと目覚めない可能性はあるな、と自分のことを振り返って思う。

広島国体は〝為末国体〟

そして、シドニーから帰って２ヵ月足らずで、いよいよ地元の広島国体を迎えた。「いのちいっぱい、咲きんさい！」というのが大会のスローガンだった。国体の種目選択でも長谷川先生とぶつかった記憶があるが、少年Ａの１００ｍに奥迫、４００ｍと４００ｍハードルが僕ということになった。広島皆実には長谷川先生の他にもう１人、慶楽良隆先生という現役時代４００ｍハードルを専門にしていた顧問がいて、ハードルの技術は慶楽先生に教わった。

地元の国体は最後に精魂尽き果てたけど、本当に気持ち良かった。４００ｍハードルの方が先で、何と世界ジュニアの優勝記録にあと０・０２秒という49秒09で優勝してしまった。当時の日本歴代でも５番目という好記録で、稲垣誠司さん（広島・西条農高）が持っていた50秒01の高校記録だけでな

高3の秋に地元・広島で国体を迎えた為末。大会2日目の少年A400mハードルでインターハイ王者の吉澤賢（千葉・市立船橋、右）を抑えて優勝、49秒09の驚異的ジュニア日本新を打ち立てた

く、斎藤嘉彦さん（法大）が出した49秒10のジュニア日本記録も破った。ということは、もうちょっと早くから400mハードルをやっていたら、高校生のうちに48秒台に入っていたかもしれない。

インターハイ・チャンピオンの吉澤賢ちゃんが2番だったんだけど、僕に負けて結構つらかったと思う。賢ちゃんはハードル間が15歩のインターバルだったが、僕は5台目まで13歩で行った。そんなのやれる高校生はいなかったから、前半で2〜3歩リードしていた。その後14歩を2回入れて、残りは15歩。ずっとそれは変わらなかった。

僕は逆脚も器用に使えて、予選は確か14歩で入っている。でも、調子が良くて14歩では詰まり気味で、慶楽先生にそれ

広島国体では大会4日目の少年A400mに圧勝。こちらもジュニア日本新となる45秒94の大記録を樹立した

を言ったら「じゃあ、13歩で行こう」と決断してくれた。決勝は、それがカチッとはまった。

４００mは、日本の高校生で初めての45秒台。45秒94で優勝した。世界ジュニアで出した46秒03を上回る自己ベスト。こっちも高校新記録、ジュニア日本新記録だった。

どちらもビックリするような記録だが、４００mより４００mハードルの方にのびしろは感じられた。当時の日本記録は山崎さんの48秒37。そのタッチダウンタイムを手に入れて自分のそれと比較すると、近づくのはそんなにむずかしくないように思えた。逆に４００mは成年種目で勝った苅部俊二さん（当時・富士通）の走りに圧倒され「これ以上どこを改善すればいいのか」と考えてしまった。そもそも足を速くするのに、限界を感じた覚えがある。

僕の最大の武器は適応能力。人よりも早くできるようになるから、それを徹底的にやるしかないと思った。ハードルも、みんなより早く上手になりたかった。ずっとそんな感じでやっていた。

１００mのことがあったので、人より早くできても、いずれみんなが追いついてくるという頭がある。４００mも、２番になった藤森が46秒35ま

お母さんの〝愛情弁当〟

ケガをして落ち込む息子を温かく支え、応援し続けた両親。母親の文枝さんは「私にできることは、食事を作ることと洗濯をすることぐらいでした」と言う。特にがんばったのがお弁当づくり。子供3人と夫のぶん、計4つのお弁当を朝早く起きて毎日作った。

栄養のバランスを考えると品数が増え、手間もかかる。それでも、練習に明け暮れる息子のことを思うと「1品でも多く」という気持ちになった。大のお気に入りのおかずは「白身魚のすり身と鶏肉のミンチを海苔に巻いて揚げたもの」や「竹輪にソーセージときゅうりを詰めてチーズと海苔で巻いたもの」だったそうだ。

で記録を縮めていたから「すぐそこまで来ている」という感覚があった。400mハードルは複雑だから「みんなが追いついてくるのにちょっと時間がかかるだろう」と思ったけど、「さらに前へ行かないと」という意識が常にあった。

長谷川先生は僕のことを「(何かを)持っているヤツ」と言う。本当に時代の巡り合わせが良くて、高校3年の地元国体でヒーローになれた。1~2年の鬱屈《うっくつ》した気持ちがいっぺんに晴れて、すごくうれしかった。あの時、初めてサインもした。マスコミの人たちも、僕の周りに戻ってきた。

でも、中学時代より醒《さ》めていたと思う。中学生の時は、注目されてやっぱり浮き足だっていた。この時は「チヤホヤされてもちゃんと練習をやらないといけない」と思ったし、地元のテレビ番組に出演しても冷静でいられた。この浮き沈みを僕は4回ぐらい経験しているので、「どうせまた……」という〝醒め感〟はだんだん強くなった。

5日間、ほとんど出ずっぱりだった地元国体から解放され、ビッグアーチから家に帰る時、母親に「迎えに来て」と電話した。「どこにいるの?」と母。僕はヘトヘトで「もう一歩も歩けない」と、駄々っ子のように言ったそうだ。

「競技観」の形成

僕の競技観・人生観の基礎は、高2でケガをしてから高3の広島国体あたりまでに培われたような

高3の1月、都内で行われたテレビ局の1996年スポーツ表彰式で新人賞を受賞した為末（右）は、長嶋茂雄氏（当時・プロ野球読売巨人軍監督）にも激励された

気がする。ケガをした悔しさ、初めて負ける挫折感、100mへの思いを断ち切る無念さ、そしてハードルへの転向などいろいろなことがあった。

世界ジュニアに出たあたりで、強烈に「世界で勝負したい」「世界に出ないといけない」と思うようになった。それまで広島で生きていこうと思っていたのに、どうやったらオリンピックや世界選手権に行けるか、ということを考え出した。広島という一地方から、日本を通り越して、いきなり世界に目が向いた。

今考えると、アメリカの大学へ行くという選択肢もあったはずだけど、当時はそこまで思いが至らなかった。ただ「早く世界へ行かないと間に合わない」というような、急かされる気持ちはあった。高校を卒業する頃、広島へのこだわりはまったくなくなった。

高3の3月に出場した世界室内選手権（パリ）。4×400mリレーの2走を務めた為末は外国勢と接触して転倒し、最下位でバトンをつないだ

チームの足を引っ張るかたちでレースを終えた為末（右端）

広島国体の活躍などもあって、僕は高校を卒業する直前の97年３月初め、パリで開かれた世界室内選手権にマイルリレーのメンバーとして出場している。苅部さんが個人の４００ｍで銅メダルを取った、あの世界室内だ。

遠征する前には沖縄で代表合宿をやった。苅部さんや伊東さんなど、専門誌で見るような人と一緒で、すごく興奮した覚えがある。苅部さんと一緒に練習をすると、僕なんか全然相手にされなくて、また驚いた。

パリに行くと、当時ドイツに陸上留学していた朝原さんが日本チームに合流。ドイツ人コーチのラップさんとドイツ語でやりとりしている姿を見て「格好いいなあ」と思った。そのころはまだ世界に出て行って、現地に溶け込んでやっている人はあまりいなかったので、朝原さんは1人だけ違う空気を醸《かも》し出していた。僕にとって朝原さんの存在は影響大だった。

そういうシニアの人たちと早めに交流する機会を持てるのは、早熟型選手の醍醐味みたいなものだと思う。僕が気を遣わなくてはいけないのかもしれないけれど、僕の人なつこさのせいで逆に本当によくしてもらった。

マイルは2走の僕が他チームの選手に後ろから押されて転倒し、バトンを拾いに行ったので最下位（6位）に終わった。「ごめんなさい」は言ったかもしれないが、「転んじゃったな」ぐらいの気持ちでいた僕は、そんなにしおらしくしていなかったと思う。

■為末大 高校3年間の成績（個人種目のみ）

	大会名	1年生（1994年）		2年生（1995年）		3年生（1996年）	
		出場種目	順位・記録	出場種目	順位・記録	出場種目	順位・記録
4月	織田記念			100m	④10.74（+0.1）	ジュニア400m	①47.53
5月	広島地区大会			100m	①11.22（-2.6）	200m	①21.37（+1.9）
				200m	①21.94（-1.5）	400m	①47.72
				400m	①48.31		
6月	広島県高校総体			100m	①10.77（±0）	200m	②21.56（-0.5）
				200m	①21.74（-3.8）	400m	①47.03
				400m	①47.79		
7月	中国地区高校					200m	②21.40（+1.7）
						400m	①47.07
8月	インターハイ					200m	④21.65（-2.1）
						400m	①46.27=高校新
	広島地区新人	100m	①11.29（-2.2）				
		200m	①22.49（-1.5）				
	世界ジュニア選手権					400m	④46.03=Jr日本新
9月	日本ジュニア選手権	200m	④22.09（-1.2）			200m	③21.23（+0.4）
	広島県高校新人	100m	①10.9（-0.6）				
		200m	①21.1（±0）				
10月	国体	少年B100m	①10.74（+0.2）	少年A400m	準決勝⑥48.45	少年A400m	①45.94=Jr日本新
		少年B400m	①48.24			少年A400mH	①49.09=Jr日本新
11月	ジュニアオリンピック			A200m	⑦21.78（+0.7）		
	広島地区高校記録会					100m	①10.62（+0.2）

■高校時代の鍛錬期のトレーニング例

	朝練習	本練習
月	マット運動	スプリントドリル、テンポ走、フリー補強
火	Long Jog 3000m、ビルドアップ走, 補強	ウインドスプリント、ウエイトトレーニング、補強, 快調走
水	ハードル補強	サーキットトレーニング、1000mトライアル
木	フリー	球技 or フリー
金	バランスボード、メディシンボール投げ、1歩ハードル	比治山, 野外走3000m、坂上り走, 流し、フリー15分、鉄棒補強
土	ウインドスプリント、補強	ウエイトトレーニング
日	休養	休養

■月曜日
【朝練習】
マット運動（側転、ヘッドスプリング、空中回転、後転跳び、バック宙など）
【本練習】
a）スプリントドリル、
b）テンポ走
100m＋200m＋100m
200m＋100m＋200m
200m＋300m＋100m
100m＋300m
※つなぎ(＋)は走った距離を歩行、セット間のリカバリー（R）は7～10分
c）各自でフリー補強　15分～20分

■火曜日
【朝練習】Long Jog 3000m、ビルドアップ走、補強
【本練習】
a）ウインドスプリント
b）ウエイトトレーニング5種目
①ベンチプレス
②ハーフスクワット
③レッグカール
④ベントオーバーローイング
⑤スナッチ
※①～⑤を次の重量で5セット実施
1セット：Maxの50%×15回
2セット：Maxの70%×10回
3セット：Maxの80%×8回
4セット：Maxの90%×5回
5セット：Maxの60%×15回
※重量や回数を変えるのは、筋肉に新しい刺激を与えてやるため。
c）腹筋・背筋
d）快調走　50m～150m×3～5

■水曜日
【朝練習】
ハードル補強（両脚跳び、開脚跳び、片足跳び、ブリッジ、1歩ハードル交互など）
【本練習】
a）サーキットトレーニング
14種目3セット（40分～50分）
①バウンディング左右各20m+スピードバウンディング40m
②スナッチ25kg×10
③タイヤ引きダッシュ 50m×2
④懸垂逆上がり10回
⑤スクワットジャンプ15回
⑥サイドステップ5m×10
⑦ミニハードルもも上げ20台×2
⑧背筋25回
⑨腰入れ20m
⑩縄跳び2重跳び20回
⑪段昇降40回
⑫ぶら下がり腹筋7回
⑬クライミングロープ2回
⑭ハードルジャンプ10台×2
b）1000mトライアル
a）を終了した者からすぐに行う。為末の場合、3分10秒前後で走っていた。

■木曜日
【朝練習】　フリー
【本練習】　球技 or　フリー

■金曜日
【朝練習】
バランスボード、メディシンボール投げ、1歩ハードル
【本練習】
a）比治山でのトレーニング
野外走3000m
坂上り走（150m＋200m＋270m）×3
流し100m×3
※坂上り走の為末の参考タイム
1セット目（22.34－32.67－45.87）
2セット目（22.33－33.79－45.19）
3セット目（20.61－29.23－40.07）
b）フリー 15分
c）鉄棒補強

■土曜日
【朝練習】スプリントドリル、補強
【本練習】a）ウエイトトレーニング ※火曜日と同じ

■日曜日
休養

■高校時代の試合準備期のトレーニング例

① 50m加速の100m×2　100m加速の100m×1　150m加速の100m×1
②ペース走
200m+100m+200m（+は100mと200mの歩行）　300m+200m（+は300mの歩行）　200m+300m（+は300mの歩行）
③（200m＋200m）×3（＋は30秒のリカバリー、セット間の休息15～20分）
（300m＋100m）×3（＋は100mの歩行、セット間の休息15～20分）
④タイムトライアル
10m加速で200m（最高記録20秒7）　10m加速で300m（最高記録32秒2）
⑤20m加速（40m＋60m＋80m＋60m＋40m）

＊

このほか、ウエイトトレーニングは前述の種目をMaxの60%～80%で10回～15回を3セット実施。また、基礎体力の低下を極力抑えるために、朝練習や本練習後のフリーの時に各種補強運動を取り入れた。

■1996年の年間スケジュール（高2オフ〜高3）

月	区分け		コメント	為末の大会成績（リレーを除く）
11 12	鍛錬期	Ⅰ	・基礎体力、全身持久力、スピード持久力、忍耐力の養成、筋力アップ	
		Ⅱ	・Ⅰの強度を増す ・合宿の実施	
1 2		Ⅲ	・鍛錬期では最も強度を増す ・クロスカントリーに出場 ・専門的な体力トレーニングも増やす	
3		Ⅳ	・疲労を取り除き, トライアルを行う	
		Ⅰ	・不足している部分を補う	
4		Ⅱ	・専門練習を徐々に増やし、スピードに慣れていく	4/21　広島県強化記録会 400mH 51.61
	準備期	Ⅲ	・試合を練習の一環とし、技術チェックをする	4/29　織田記念陸上 ジュニア400m①47.53
5		Ⅳ	・試合の感覚をつかむ	5/5　広島地区高校陸上 200m①21.73 (-1.9)、400m①47.72
			・中国大会への出場を目標に ・練習量をできるだけ落とさない ・試合後の疲労を取り除く	5/31〜6/2　広島県高校総体 200m②21.56 (-0.5), 400m①47.03 6/8　日本選手権 ジュニア400m①46.83
6 7	試合期		・インターハイへの出場を目標に ・中国大会後、基礎体力をもう一度つける	6/21〜23　中国高校総体 200m②21.40 (+1.7)、400m①47.07
8	回復期		・心身の疲労を取り除く	8/2〜5　インターハイ 200m④21.65 (-2.1)、400m①46.27
	鍛錬期		・秋のシーズンへ向けての基礎体力をつける	8/23　世界ジュニア選手権 400m④46.03
9	準備期		・スピードの向上に努める	9/21　日本ジュニア選手権 200m③21.23（+0.4）
10	試合期		・国体へ向けての調整	10/13〜17　国体 少年A400m①45.94, 少年A400mH①49.09
11	過渡期		・シーズンの反省などをする	11/4　広島地区高校記録会 100m10.62（+0.2） 11/10　広島県高校駅伝 2区（3km）10.16=区間12位

■1996年 山梨インターハイ前の調整メニュー

7/24（水）	W-up、スプリントドリル、ウインドスプリント100m×3、坂上り走150m×4、坂下り走120m×4、補強
7/25（木）	W-up、スプリントドリル、ウインドスプリント100m×5、SD30m×2・50m×1、TT300m×1、快調走100m×2
7/26（金）	W-up、ウインドスプリント120m×5、加速疾走（コーナー→直線）を60m×3、バトンパス、快調走150m×3、補強
7/27（土）	休養
7/28（日）	W-up、スプリントドリル、ウインドスプリント100m×5、SD30m×2・50m×1、快調走200m×3、ウエイトトレーニング3種目×2セット（スピーディーに行う）
7/29（月）	コンディショニング、ウインドスプリント100m×4、ショートスプリント30m×3、バトンパス×1、(200m+200m）×1
7/30（火）	※甲府に出発W-up（長めのJogで身体をほぐす）、スプリントドリル
7/31（水）	積極的休養（Jog、ストレッチング、マッサージ）
8/1（木）	コンディショニング、スプリントドリル、ウインドスプリント100m×4、SD30m×2・50m×1、(200m+100m）×1　※200mは400mの入りのイメージで。
8/2（金）	**インターハイ男子400m**　予選①48.38、準決勝①47.38、決勝①46.27（ジュニア日本新）
8/4（日）	**インターハイ男子200m**　予選①21.82(-1.0)、準決勝①21.66(-0.8)、決勝④21.65(-2.1) **インターハイ男子4×400mR**　予選②3.17.69(4走)
8/5（月）	**インターハイ男子4×400mR**　準決勝①3.13.38(4走)、決勝③3.14.74(4走)

W-up(Jog、ストレッチング)　SD=スタートダッシュ　TT=タイムトライアル

■1996年 広島国体前の調整メニュー

10/4（金）	W-up、スプリントドリル、SD30m×2・40m×1・50m×1、200mハードル×3、テンポ走500m×1、快調走100m×2
10/5（土）	休養
10/6（日）	W-up、スプリントドリル、ウインドスプリント100m×5、加速走150m×2・200m×2、補強
10/7（月）	W-up、ウエイトトレーニング5種目10回3セット（スピーディー）、快調走100m×3
10/8（火）	積極的休養（Jog，ストレッチング，マッサージ）
10/9（水）	W-up、ウインドスプリント100m×4、加速走（コーナー→直線）60m×3、快調走150m×2・200m×1
10/10（木）	コンディショニング、スプリントドリル、ウインドスプリント100m×4、300mハードル×1(予選をイメージ)、200mハードル×1(決勝をイメージ)
10/11（金）	休養（マッサージ）
10/12（土）	コンディショニング、スプリントドリル、ウインドスプリント100m×4、往復走100m+100m+100m
10/13（日）	**国体 少年A男子400mハードル**　予選①52.96、準決勝①51.17
10/14（月）	**国体 少年A男子400mハードル**　決勝①49.09（ジュニア日本新）
10/15（火）	**国体 少年A男子400m**　予選①47.00
10/16（水）	**国体 少年A男子400m**　準決勝①46.79、決勝①45.94（ジュニア日本新）

W-up(Jog、ストレッチング)　SD=スタートダッシュ

DAI STORY

第4章

「反抗期」

400mハードルで初の五輪

〝自己流〟の限界

広島皆実高を卒業する前に、僕は「スプリンターのウエイトトレーニング」というタイトルで、簡単な論文のようなものを書いている。たぶん体育科の授業で、そういうコマがあったのだと思う。それぞれがテーマを決め、継続的に何かをやっていって、パソコンで論文にまとめる。僕はウエイトトレーニングに興味を持って、自分を被験者にしながらデータを取っていった。

というのも、高校2年の中国地区大会で肉離れをしたことがきっかけだった。何でケガをしたんだろうと考えた時に、僕は人より脚のふくらはぎが太いんだけど「太い末端を振り回しているから負担が大きいのかな」と。その論文の〈まとめ〉の項にも「オリンピックなどで見るトップアスリートには、膝頭部やふくらはぎが肥大している人はほとんどいない。もちろん普通のアスリートに比べれば肥大しているかもしれないが、それ以上に根底部の発達が顕著である。黒人選手を見てまず目につくのは胸の辺りや大腿部であり、ふくらはぎや膝周りは逆に細く見えるほどである」と記述している。

身体の中心部から末端への自然な動きって何だろう、と考えた時に、ヒントになったのが小山裕史先生著の「新トレーニング革命」だった。小山先生が提唱した「初動負荷理論」というのをよくわかっている人は周囲にいなかったから、その本と陸上競技の専門誌を読んで自分なりに解釈し、ウエイトトレーニングなどに採り入れていった。

自分でもぼんやりとしたイメージの中で、力の発揮の仕方は「ゆっくり」より「始めにバッと出す」

というのがあった。そのあたりの感覚が「初動負荷理論」とすごくマッチした。高3の途中からそれをテーマにしてウエイトトレーニングに取り組み、大学生になってからはその練習が50％ぐらいの割合を占めて、ウエイトをメインに持ち込んでしまった。まず、そこが失敗の原因だったのだが、さらに人のマネをしようとしたのがいけなかった。

そのころ男子短距離の第一人者だった伊東浩司さん（当時・富士通）が「初動負荷理論」を採り入れていて、僕は伊東さんとそもそもの動きがまったく違うのに、一生懸命伊東さんのマネをしようとしていた。「こういうことなんだろうな」と思って動きをマネしたり、直接聞いたりもしたけど、結局はよく理解できなかった。伊東さんの走り方は、どこに力を入れていいのか、最後までわからずじまい。マネするだけでは、どこにも力が入らなかった。

広島を離れて法政大学へ

大学は「どうしても東京に出たい」ということではなかったのだが、近くに「ここなら」というところがなかった。先輩・後輩の上下関係が厳しい体育系の大学も、自分には向かないような気がした。いろんな人が「大学って厳しいんだぞ」というから、敬遠した面もある。

当時、法政大学の監督は渡部近志先生で、広島まで勧誘に来てもらった時に「自分で好きなようにやっていい」と言われた。それが〝殺し文句〟だった。ウエイトトレーニングを含めて「こんなふう

為末（左）は100mのインターハイ・チャンピオンである川畑伸吾（鹿児島城西高出身）らとともに法大入り。法大・渡部近志監督（当時）に「自分で好きなようにやっていい」と言われたことが進路決定の決め手となった

に練習したい」と思い始めていた時なので、「好きなようにやっていい」という話はとても魅力的に聞こえた。

あと、４００ｍハードルで日本のトップにいた斎藤嘉彦さん（当時・群馬綜合ガードシステム）や苅部俊二さん（当時・富士通）の存在も大きかったと思う。２人とも法大のＯＢで、まだ大学のグラウンドで練習していた。８００ｍで横田（真人／富士通）が２００９年（当時・慶大）に日本記録を出したが、それまで日本記録を持っていた小野友誠さん（当時・エスビー食品）も、法大ＯＢだ。スターが勢ぞろいという感じで、僕は１００ｍのインターハイ・チャンピオン、川畑伸吾（鹿児島城西高出身）らとともに、そのきら星の中に入っていった。

広島から上京したといっても、陸上部が練

習する法大のグラウンドは八王子にあり、都会の生活ではなかった。初めて親元を離れ、合宿所に入ったが、まあまあ楽しかった。想像していたほど大変ではなかった、というぐらいのことだが……。しかし、高校の卒業式を終えて3月中旬（１９９７年）に合宿所に入り、3月末にはまた肉離れをしてしまう。本当に高校も大学も、そして社会人になった時も、新しいところに行くと必ずうまくいってない。環境が変わると、馴染《なじ》むのに時間がかかるのだろうか。おかげで大学生活もリハビリからのスタートになって、2年ぐらいはまったく精彩がなかった。

大学1年の時に初めて日本選手権に出て４００ｍを走っているが、あえなく準決勝で敗退（注：高3の日本選手権はジュニア４００ｍの特別レースに出場）。そのレースは高校3年だった山村貴彦（大阪・清風高）が優勝している。とはいえ、大学1年の頃のレースは、ほとんど覚えていない。インカレは関東も全日本も個人レースに出場できず、マイルリレーの一員だけだったようだ。

存在感を格好でアピール

大学生のころ、自分が〝スペシャル〟になることが結構重要なテーマだった。人と違う存在になりたかった。実力だけでなく姿も〝スペシャル〟になりたくて、最初は坊主頭だったのだが、そのうちに髪を金色に染め、耳にはピアスをはめた。

たぶん遅れてきた「反抗期」だと思う。子供がお母さんの気を引くために悪さをすることがあるけど、似たような感情ではないだろうか。ある意味、競技の方が順調で、そっちで目立って入れば、そういうことに目が向いていなかったような気がする。今考えると「何であんなことをしたんだろう」と思う。ただ、その時は大真面目でそれが格好いいと思っていたので、自分で髪を染め、自分で耳に穴をあけた。

世間的には「そんな格好をしているから走れないんだ」と言われるけど、順番としては反対だと思う。競技が停滞しているから、興味がそっちに行った。

この時にすごく思ったのは「アスリートは、とにかく強くないとダメなんだ」と言われる。そこには「強けりゃ何をしてもいいんだよね」という意味も含まれていると思っていた。「強くなれ。それがすべてだ」とみんな言うのに、強い人がいろんな格好をすると「それは何だ」と批難される。僕とすれば「それって矛盾しているじゃないか」という発想になった。

そういう発想は以前からあって、大きなものとか常識とか、みんなが「そうだ」というものに、あえてチャレンジしてみたくなる。この時は「人って、見た目でそんなに違うかなあ」という気がしていた。

今思えば些細《ささい》なことなんだけど、みんなが反応するからよけいにおもしろくなって、加速していった面はあった。無視されていれば、また違ったと思う。

そこで僕に足りなかったのが「人に迷惑をかけている」という気づきだった。渡部先生を始め大学のスタッフの方々は、陸上部のＯＢから「あの格好は何だ」とさんざん言われていたようだ。それでも、僕が直接批判めいたことを言われることはなかった。懐《ふところ》が深いというか、はしかみたいなもので、「そのうち治る」と思われていたのか。

格好はそうでも、練習は大学の中で一番やっていたという自負はある。上手に練習しなかったから競技成績に結びつかなかったが、陸上に対するモチベーションは下がっていなかった。

なぜ「金髪」はいけないのか？

僕の時は髪とかピアスだったけど、今の学生を見ていて、方向はともかく、似たような〝反抗期〟を感じる選手はいる。自分も経験をしているので「ま、いいんじゃないか」という目で見ているのは確かだ。

ただ、よほど信念があるならいいけど「みんなが反応するからおもしろくて」というぐらいの気持ちだったら、どうなのだろうかと思う。世の中はそんなにロジカル（論理的）ではないし、シンプルではない。特に、日本という文化の中では、摩擦が起きやすい。

今考えると、何で金髪にしたら悪いのかを突き詰めて話してくれる大人がいれば良かったと思う。「それはお前、みんなしてないだろう。だから悪いんだ」と言われると、「みんな勝てないのに、僕は勝ってる。それ自体どうなの」と言いたくなってしまう。

納得のいく理由を一緒に考えて「だからやめよう」という話に1回もならなかった。今、身近にそ

大学2年目あたりから〝反抗期〟に入ったのか、髪の毛を金色に染め、ピアスまでして「人とは違う存在」になろうとした

ういう学生がいたら、議論してもいい。金髪にすること自体何の問題もないけど、それによって自分に生じるデメリットは何か、と。自分自身を例に出してディスカッションし、その後に彼がどうするかは彼の自由だ。

何がデメリットかと言えば、競技生活は必ずうまくいくわけじゃなくて、低迷期もある。そういう時に風貌が人と違っていることによって、就職先が見つからないことだってある。ただ、これからはハーフやクォーターの子が増えてくるだろうし、微妙なニュアンスをはらんでいるテーマだと思う。

スポーツ選手、特に陸上選手の概念が「さわやかな短髪の青年」というイメージで、そういうのに抗《あらが》いたいという気持ちは子供の頃からあった。だから、固定概念からはずれたことを今でもやろうとしているけど、突き詰めていくと「ビックリさせたい」ということだけなんだと思う。誰もビックリしなかったら、つまらなくてすぐに止める。大学時代もグラウンドに金髪の子が1人出てきて「もう俺だけじゃない」と思ったら、いっぺんに冷めた。

あの頃の感情と、その後、ストリート陸上をやる発想と、僕の中ではそう違わない。「みんなこんなことをやったらビックリするでしょう」というような。学生時代は「インパクト」ということしか考えてなかったけど、ストリート陸上は「グッド・インパクト」。子供たちが街中でハードルを跳ぶのを見たら、夢を持つかなあ、というような……。

僕みたいな人間は「そういうものだ」と言われることに反発をする。だから「何で金髪にするか言ってみろ。本当にその方がいいんだったらそうしよう」と言って議論を始め、本人にデメリットなども考えさせて、最後に「そんな小さいことに逆らうよりは、世界一とかもっとインパクトのあるものを狙いにいった方がおもしろいんじゃないの」と話したら、僕のような人間はすごく心に突き刺さると思う。

セルフ・コーチング

大学に入った当初は「1～2年で100m、200mに出てスピードを磨き、3年は400m。4年になったら400mハードルでシドニー五輪を狙う」という長期プランを立てていた。ところが、全然うまくいかなくて、スピードを磨くどころではなかった。大学2年（1998年）の関東インカレで400mに出たけど、4位。調子は悪くなかったはずなのに、まったく走れなかった。

そのうち「こんなに負けているのはイヤだ」と思い始めて、プランを前倒しする。「ハードルなら勝てる」と思って、400mハードルの練習を始めたのが大学2年の夏ごろ。その年の9月、日本インカレで400mハードルに出て、49秒91で優勝している。

もう待っていられなくなったんだと思う。コーチがいなかったので、何をやってもうまくいかなかった。中学も高校も熱心な先生にお世話になって、日本一になれたのに、どうして「自分でやりたい」という発想になったのか。今も自分でやりたがる癖は抜けてない。

高校時代から「陸上競技を理解したい」という思いが強くて「わかった」と勘違いし、「自分でう

400mハードルに〝復帰〟した大学2年の日本インカレで優勝を飾り、この種目で勝負していくことを決めた

まくできるんだ」と思ったこと。それに「自分で自分をきちんとコントロールしたい」という気持ちが強かったことも挙げられる。とにかく人にコントロールされるのがイヤで、「俺がやるんだ」と粋《いき》がっていた。

１人でやると言っても、勝手にいろんなパートに入っていって、今日は１００ｍ、明日は４００ｍと自由にやらせてもらっていた。

大学２年の日本インカレで勝てた時、「俺はやっぱりヨンパーだ」と確信した。大学生になって個人レースでは初めての優勝。「やっと勝てた」という思いがあった。

「感覚を追いかけろ」

大学３年（１９９９年）の７月、スペインのマヨルカ島というところで開かれたユニバーシアード大会に出場したが、準決勝で落ちている。その後、日本インカレで優勝し、10月初めに行われた日本選手権（静岡・草薙）では、48秒65を出した山崎さん（一彦、当時・デサントTC）に敗れたものの、僕が49秒37で2位に入った。この大会が翌年のシドニー五輪の代表選手選考会になっていて、その頃から陸連の合宿にも呼ばれるようになった。当時、男子短距離の強化責任者が東海大の髙野進先生で、その冬からちょくちょく東海大へ練習に行くようになった。

２０００年のオリンピック・イヤーになって、男子短距離陣は五輪開催地のオーストラリア・シドニーで合宿をした。1月末から2月半ばにかけて半月以上だったと思う。僕は授業があって遅れて行ったんだけど、この合宿が大きな転機になった。

メンバーは朝原さん（宣治、大阪ガス）、小坂田さん（淳、同）、髙橋和裕さん（当時・熊本陸協）、土江さん（寛裕、当時・富士通）。故障上がりの朝原さんは、夏の南半球で走り込んでいたし、小坂田さんはこの時すでに４００ｍの五輪代表に内定していたはず。土江さんは確かシドニーで1年間の海外研修中だった。

この合宿で初めて土江さんに「為末君は自分の中に感覚ってある?」と言われた。「こういうこと?」と聞くと「そうじゃない」と言う。朝原さんに聞いてもよくわからなくて、その時から「感覚って何だろう」と思い始めた。「感覚を追いかけた方がいい」ということも言われた。

髙野先生の下へ通うようになって、陸上の根本の練習を教えてもらった。それまでは「指導書ではこうなっているから」というのを前提にして、バラバラにやっていたことが、何となく体系的にわかってきた。しかも「今走っていてどんな感じがした?」と聞かれるので、自分の中にものさしを作る作業をずっとやっていた。感覚を大事にすることがわかってきて、うまく走れる時と走れない時の違いは何だろうと、自分で考えるようになった。

こういう言い方をすると失礼になるかもしれないが、僕は高野先生と頭の構造が似ていると思う。議論をしてくれるというか、僕が「それはそうだなあ」と思う話をすごくわかりやすくしてくれた。自分が何でオリンピックのファイナリスト(1992年バルセロナ大会400m)になれたのかを、きちんと説明できる人だった。

当時、東海大にはいろんな選手が集まっていて、東海大の学生陣も強かったから、グラウンドは活気があった。その中から、末續(慎吾)がスーッと上がってきて、シドニー五輪の代表になってしまう。2000年から03年にかけての末續は、本当に強かった。

そう言えば、2000年の年明けは沖縄で迎えた覚えがある。短距離だけではなく跳躍やハードルの選手も一緒に、年越しの

“出稽古”を受け入れた五輪ファイナリスト

1991年の東京世界選手権、92年のバルセロナ五輪と2大会続けて男子400mで決勝に進出し、同種目の日本記録(44秒78)保持者でもある高野進さん(東海大教授)。日本陸連の前強化委員長だが、為末が世界の舞台へ羽ばたく頃は「男子短距離部長」という職にあった。末續慎吾(現・ミズノ)を筆頭に東海大の短距離ブロックが強かった時期で、高野さんは他の大学や実業団の選手の“出稽古”も快く受け入れていた。

当時の為末について、高野さんは「末續が懐に飛び込んできて父子のような関係だったのに対し、やはり距離感はあったけど、私の話を自分なりに吸収していくタイプ。そういうキャッチボールができる選手だった」と言う。

為末はメダリストになってからも東海大に時々やってきて、学生ランナーと一緒に練習。「うちの400mの選手にスピードではまったく歯が立たないのに、ぶざまなところを見せながらも自らを追い込んで走っていた。それができるのが、彼の立派なところ」と高野さんは話す。

合宿をやった。元日の朝、みんなで初詣に行くというから「何でだろう」と思ったら、境内にメディアの人が大勢待っていた。「あ、そういうことか」と思うと同時に、オリンピックに向けて身が引き締まった。

競技人生一番の猛練習

大学の前半は振るわなかったはずなのに、シドニー五輪には出られるだろうとずっと思っていた。最後の最後まで「自分はこんなものじゃない」と、変な確信があった。確かに悶々《もんもん》としていたけれど、高校で走れなかった時期の方がつらかったような気がする。

僕の陸上人生でハードな練習を自分に課した時期は3回あって、1回目が高2から高3にかけての冬。2回目が大学3年から4年にかけて。もう1回はプロになったアテネ五輪の前。その中でも大学3年から4年にかけての冬は、一番やったかもしれない。1日3回の練習を、毎日のようにやった。

今考えるとあまり意味がない気がするけど、朝は箱根駅伝に出るような長距離選手たちと10㎞ぐらい走った。朝ご飯を食べてちょっと休んでから、午前練習。昼食をはさんで、午後はみんなと一緒に練習。そのままウエイト場に夜の9～10時までいた。授業にほとんど出ていないのだから、単位も落とすはずだ。

大学の近くにある高尾山に登ったり、坂道を走ったり。時々東海大に行って、髙野先生の話を聞いて「なるほどなあ」と思いながらそれを持ち帰って練習し、という繰り返しだった。

思い出すのは、500m×20本なんていう練習。よくわからないけど「走りまくろう」という気分だったのだと思う。クタクタになると休むという感じで、いつも全力で走っていた。それが少しずつシンプルになっていって、2000年のシドニー合宿で「感覚は？」という話になる。シドニーで朝原さんたちが片脚スクワットをやっていて、僕もそれから採り入れたことを思い出す。のちに膝を故障してできなくなったが……。

ウエイトトレーニングは、このころクリーンもスクワットも重たいので少しやるぐらい。それまでに筋肉を付けすぎた感じがあったので、少しずつ戻していって、2000年の春、シーズン初めの静岡国際陸上で49秒01を出して優勝。高校時代のベスト49秒09（広島国体）を3年6ヵ月ぶりに破って、シドニー五輪代表入りをほぼ手中にした。

その前年、大学3年の時の静岡国際は山崎さんに次いで日本人2番手（49秒28）に入っているのに、次の大阪グランプリで河村さん（英昭、当時・三英社）に負けたりして、セビリア世界選手権（99年）の代表になれなかった。僕は「静岡国際が最重要」と聞いていたからそこに合わせたのに、選考から漏れ、怖さを覚えた。「選考の基準は曖昧《あいまい》なんだから、絶対に勝たないといけない」と肝に銘じ、シドニー五輪の選考会である静岡国際で勝った時には、ゴールした瞬間「これで決まった」と雄叫びをあげた覚えがある。

その2週間後の関東インカレでは48秒99と、初めての48秒台をマーク。さらに9月になると記録は

2000年9月上旬の日本インカレ（東京・国立競技場）の大会2日目、400mハードル決勝と100m決勝は天皇・皇后両陛下のご臨席を仰ぐ〝天覧試合〟となり、その栄えある舞台で為末は活躍した

伸びていって、日本インカレで48秒84、1週間後のスーパー陸上では48秒47までいった。これは斎藤さんが法大時代（93年）に出した48秒68を7年ぶりに破る日本学生新記録だった。

大学4年のシーズンは、その前の年にいろんなことに気づいていればシドニー五輪で4～5番に入れたのではないかな、と思えてくるほどの快進撃になった。髙野先生や先輩たちから言われた「感覚」を覚えている頃で、自分で感じたことをとても大事にするようになってきていた。

記録が伸びた要因

2000年の秋、9月9日のスーパー陸上で48秒47を出した時の400mハードルを分析すると、5台目から8台目までのタイムがすごく上がっている。翌年のエドモントン世界選手権で47秒89（日

2000年の日本インカレ（写真）で為末は48秒84の自己新をマークし、翌週のスーパー陸上（横浜）では48秒47の日本学生新を樹立するなど絶好調だった

法大の同級生である川畑（右）とともにシドニー五輪代表になり、大学入学前に誓い合った目標を果たした

シドニー五輪を控えた2000年夏に山梨・富士吉田や北海道・士別で代表合宿に参加。左端が為末。右へ、山村貴彦（日大）、田端健児（ミズノ）、小坂田淳（大阪ガス）、苅部俊二（富士通）、高野進コーチ

本記録）を出すまで、レースはほとんどその流れでいっている。

スタートからビューンと飛ばしていくところは、少し洗練されてきているだろうが、まあ以前と変わらない。5台目を越えてから1歩増やして14歩のインターバルにし、それを2回やって、あとは15歩。そのあたりで全然休まず、ダダダッと駆け上がれるようになったら、記録が1秒ぐらい伸びた。

練習中だったか、レース中だったか忘れたけれど、「ここが速いとタイムが出るんだ」とふと気づいた。それまでは、前半が速いと記録が出るんだろうと思っていたから、スタートから5台目までビューンと走る練習をずっとやっていた。でも、ある時から、3台目までいったら少し休んで、5〜8台目をダダダッと行く練習を多くした。以前は第3コーナーから4コーナーにかけての3000m障害の水濠あたりで休んで、コーナー出口からゴールまで一気に、というイメージ。

思い出の北海道・士別合宿

シドニー五輪の代表が出そろってから、男子短距離陣は7月下旬に山梨・富士吉田、8月中旬に北海道・士別で合宿を行っている。その頃の男子短距離のエースは何と言っても伊東浩司さん（当時・富士通）で、故障で仕上がりが遅れていた伊東さんは、オリンピック本番に向けて急ピッチで調整に入っていた。

ところが、その時の代表には為末や末續といったニューフェイスの学生が加わり、グラウンドでも宿舎でもにぎやかなこと。「集中できないというより、うるさくて、彼らから離れようと思っていた」と笑う伊東さん。高野進コーチは士別合宿というと「伊東君が『あいつらを隔離してください』と言ってきた」ことを思い出すそうだ。

「そういうこともありましたねえ」と話す小坂田淳さんの士別合宿の思い出は、反吐が出るほどのきつい練習だ。「もうオリンピックが近くなって量的な負荷ではないので、スピード持久力をつけるような質の高い練習だった」と言う。覚えているのが400mを走って、200m歩き、200mを走るメニュー。これを3セット。400mの設定タイムは2秒ずつ上がって、51秒、49秒、47秒だった。これも為末と一緒にやったのだが「間に200m走があるので身体が回復しないんです。常に天を仰いでいたイメージがあります」と、なつかしげに笑う。

でも、前半からつながって中盤が速くなれば、記録が伸びることがわかった。

今考えると、400mハードルの時は、腰を落とし気味にして走るようにしていた。長く地面をひっかいていく、というようなイメージなんだけど、言葉にするのはむずかしい。そうすると、400mレースではすごく粘っこ過ぎてスピードが出ない。でも、400mハードルではぴったり足が合った。

このアイデアの元をたどると、小坂田さんとの練習に行き着く。僕が48秒47を出した2000年のスーパー陸上（横浜）で、小坂田さんは400mで45秒05をマーク。学年は4つ上だが、その当時、小坂田さんもよく東海大に来ていたし、陸連合宿でも一緒になるので、いつも行動をともにしていた。

練習では、必ずといっていいほど小坂田さんの後ろについて行った。覚えている人は多いと思うが、小坂田さんの走りはピュンピュンという感じで軽くて、ものすごく脚の返りが速い。髙野先生が「ターンオーバー」という言葉で表現した脚の切り返しの速さは、末續もそうだったし、当時のショートスプリントの主流だ

「ライバルじゃないな」


2000年のシドニー、04年のアテネと2度のオリンピックに男子400mで代表になっている小坂田淳さんは、そのまま大阪ガスでコーチになっている。アテネ五輪では、4位に入賞したマイルリレーの2走を務めた。

為末が陸連合宿などに参加するようになって、小坂田さんの第一印象は「それまでのキャリアからして足の速いヤツだと思っていたのに、そんなに速くなかった」というマイナスイメージ。400mが専門の小坂田さんにすれば「ライバルじゃないな」と。為末が「いい意味でヨンパーの選手になったな」と思ったそうだ。

「とにかくずっと一緒だった」という為末との練習は、「やりやすかったです」と小坂田さん。身長の割には大きなストライドで走る為末の後ろからついて行くのは「合わせやすかった」と言う。しかも、ペースとしてちょうど良い負荷になって「彼との練習中の差が自分の調子のバロメータになった」と小坂田さんは明かす。

った。

しかし、それをマネしようとした僕は、なかなか会得できない。「これがスピードの差なんだ」と思っていたんだけど、やっているうちに「変にマネしなくていいのかな」と思い始めた。小坂田さんが脚を3回まわす間に、僕は2回まわすぐらいの気持ちでいて、ゆったり走る時だけついて行ければいい。「どうせヨンパーは47～48秒ぐらいでしか走らないわけだし……」と、短い250m走などでついて行くのはあきらめた。

400mと400mハードルの関係

僕は、高野先生の走り方が好きだった。脚をビュンビュンとさばいて、ずっと空中に浮いているような走り。でもそれはできなくて、もっとベッタリとしたグイーン、グイーンという感じ。その頃から森丘保典さん（日本体育協会スポーツ科学研究室）ら研究者に科学的なデータを教えてもらえるようになって「脚は速く回転しなくていいんだ」と思った覚えがある。そういうデータが新鮮で、おもしろかった。

400mが速くなることと、400mハードルが速くなることは、突き詰めていくと違うんだということに気づいた。もちろんある程度の相関関係はあるが、一定のレベルになると、そうでもなくなってくる。

シドニー五輪の結団式後に陸上代表チームで写真撮影。身の引き締まる思いがしてきた

その頃、自分の中で、400mが46秒ちょっとで、400mハードルはプラス1・5～1・6秒というイメージだった。400mハードルで47秒台を出すには、400mを45秒台で走らないといけないとずっと思っていたけど、そうではなくて「46秒3～4でいいんだ」と思うようになった。

さらに上のステージに行くと、400mを45秒5で走る選手が、なおかつハードリングもうまくて「金メダルを狙う」という段階になるのだと思う。自分はとにかく「メダル」という発想しかなかったから、ハードリングのうまさを加味して「400mは46秒3～4ぐらい」と踏んでいた。

原理原則で言えば、絶対に足が速い方がいい。僕はストライドが限界に近かったから、足を速くするにはピッチを速くするしかない。そうなると、前半のハードル間を13歩で行けなくなるイメージがあった。だから「この走り方で（400mハードルを）速くしていかないと意味がないんだよね」という感じだった。自分なりの〝ヨンパー仕様〟の走りだと思う。

転倒に泣いたシドニー五輪

２０００年の９月24日は歴史的な日になった。シドニー五輪の陸上競技が始まって３日目。午前９時にスタートした女子マラソンで、高橋尚子さん（当時・積水化学）が五輪史上陸上競技の女子では初の金メダルを日本にもたらした。午後の部では男子ハンマー投の決勝が行われ、室伏広治さん（ミズノ）が９位だった。

実はこの日、夕方から急に天気が荒れ模様になり、室伏さんは雨でサークルが滑って苦労したと聞いた。そして、男子４００ｍハードルの予選は山崎さん、河村さん、僕と３人の代表がそろって準決勝に進めず。最後の８組で１レーンだった僕は、トップで突っ込んでいったのに、９台目のハードルで転倒して最下位。61秒81という、情けない記録が残っている。

突風が吹いているのはわかっていた。でも「オリンピックは、とにかくひるんじゃダメだ」と言われていたので、押していった。予選はまだそんなにガツガツ行かなくていい相手だったのに、過剰に〝世界〟を意識し過ぎてしまった。

８台目あたりで「ウォー」と思わず後傾するほどの風が来たのを覚えている。９台目は15歩では届かなくて、とっさに17歩にした。左脚という意識しかなかったから17歩になったんだけど、今考えれば16歩にして逆脚で跳べば良かった。それで、引っかかって転倒した。

立ち上がって最後まで走ったのは「ゴールだけはしなくちゃ」と考える習性だと思う。ラストラン

為末にとって初めての五輪となった2000年9月下旬のシドニー大会。400mハードルの予選レースで第4コーナーまでトップを疾走していたが、その直後の9台目のハードルに足をひっかけて無念の転倒。61秒81で最下位という情けない結果に終わった

になった2012年の日本選手権も、1台目で転んだのにゴールまで走っている。〝絵的〟には、僕の陸上人生で象徴的なシーンだ。

高校3年の世界ジュニア選手権で戦った舞台に、再び戻ってきたという感動はあった。でも、レース前からいろんなことがぎくしゃくしていた。もう少し冷静にできたのではないか、と今なら思う。ものすごくショックを受けて「もうおしまいだぁ」という気分だった。

それでも、他の選手たちの前では落ち込んだところを見せてはいけないと思って、選手村に入る時には無理に笑顔を作った覚えがある。明るく振る舞わなきゃ、と思った。だけど1人になると悔しくて、ボロボロと泣いた。

DAI STORY

第5章

「絶頂期」

エドモントン世界選手権の銅メダル

シドニーから帰国して

9台目のハードルで転倒し、予選敗退に終わった2000年のシドニー五輪。帰国して間もなく、10月初めに仙台で行われた日本選手権（48秒86で2位）には出たが、それ以降1ヵ月ぐらいは部屋にこもっていろいろと考えていた。

その頃は、何となくだけど「30歳ぐらいで引退かな」と思っていたから、オリンピックに出られるチャンスはせいぜいあと2回。「次も失敗したらどうしよう」と思うと同時に、2004年のアテネ五輪まで4年間をどう過ごしたらいいのか考え始めた。

シドニー五輪で失敗はしたが、光明がまったく見えなかったわけではない。オリンピック前の合宿などで高野先生（進、東海大教授）の指導を受けるようになり「この方向で行けば速くなりそう」というのがちょっとずつ見えていた。その頃にはもう大学を4年で卒業できないことはわかっていたから、東海大へ行く頻度も高くなり、末續（慎吾）らが高野先生とやっていた150m走などを多くやるようになっていた。

オリンピック本番までもう少し期間があれば……と思えるぐらい上り調子の時だったので、振り返れば予選での失敗は「もったいなかったな」と思えるものだった。そう言えば、シドニーでは、急な雨と風でトップエイトに残れなかった男子ハンマー投の室伏広治さん（ミズノ）も、僕と同じようなことをしきりに言っていた。

１ヵ月ぐらい経って練習を再開すると「ま、しようがないか」という気分になってきた。「全部やり尽くしてシドニー・オリンピックに臨んだわけじゃないし」。じゃあ、何が足りなかったんだろう、と考えた時に「経験不足じゃないか」と思いついた。絶対に外に出ないとダメなんじゃないか……。

そこは、ただ単に練習をたくさんやるだけでは埋められないものだと思って「試合をいっぱいやるしかない」という結論に達した。しかも、日本でやっていたら意味がない。「海外へ出よう」と一途に思った。

シドニーで打ちのめされた心も、いったん前向きな気持ちを取り戻すと、日に日に立ち直っていった。「改善の余地がある」という感覚が、何よりの〝良薬〟だった。

その冬は練習の質がちょっと変わって、無謀な走り込みから、もうちょっと軽快な走りを増やした。相変わらず東海大に通って、小坂田さん（淳、大阪ガス）らと一緒に、冬でもタタタッと脚さばきの速い軽快に走る練習をやった。

「すぐにローマへ来い」

留年が決まって大学５年生をやることになった２００１年のシーズンは、出足が遅かった。初戦の織田記念（４月29日）は４００ｍに出て、48秒07もかかっている。ハードルが10台あってもなくても、記録は変わらないじゃないか、という話だ。水戸国際（５月６日）では少しマシになって、47秒17。

大学5年目となった2001年、6月の日本選手権に48秒66の好タイムで初優勝。前年9月のスーパー陸上で自身が樹立した日本学生記録（48秒47）にあと一歩と迫った

４００ｍハードルの初戦は、５月半ばの大阪グランプリ大会（ＧＰ大阪）だった。外国選手に負けたけど、日本人１位にはなって49秒06。２週間後に同じ大阪の長居競技場で東アジア大会というのがあって、それも２位（49秒28）だったと思う。そのあたりまで、動きがボテボテしていて、キレがなかった。

東アジア大会からさらに２週間後、６月初めに東京・国立競技場で日本選手権があり、予選は動きが良くなかったんだけど、決勝になったら急に走れて、48秒66で優勝する。僕にとってこれが日本選手権初優勝で、中学、高校、大学、日本と各世代のチャンピオンシップをすべて取ることができた。そういう選手は、日本に何人もいないらしい。調子はこの日本選手権あたりから、急激に上がってきた。

この結果で、夏にカナダのエドモントンで開かれる世界選手権の代表に決まった。僕にとって初めての世界選手権になる。それまで日本の４００ｍハードルを引っ張ってきた山崎一彦さんや苅部俊二さんが第一線を退いた時期で、その役が23歳の僕にまわってきた。

シドニーから帰ってきて痛切に思った「外に出なくちゃいけない」という考えはずっと頭にあって、「どうやったら外国の試合に出られるのか」をまず室伏さんに聞いた。国際陸連が主催するグランプリ大会などには必ずエージェントとか代理人と呼ばれる交渉役の人がいて、その人を通して申し込むのだという。

僕は5月の大阪グランプリの時、フェアウェル・パーティーなどで、来日していた何人かのエージェントに声をかけ、自分の携帯電話の番号を教えた。「どんな大会でもいいから呼んでほしい」と。ほとんどの人はそっけなく「そりゃ厳しいね」というような返事だった。

ところが、6月末のある日、いきなり外国人から電話がかかってきた。法政大学のグラウンドにいる時だったと思う。相手は日本人選手のエージェントをしたことがるロバート・ワグナーというオーストリア人だった。

英語で話す内容は全部理解できたわけではないが、「すぐにローマに来られるか?」ということだけはわかった。6月29日にイタリアのローマで開かれるゴールデンリーグ（ＧＬ）に出場できる、ということらしい。おそらく日本選手権で48秒66を出して、世界ランキングが上がったから声がかかったのだと思う。

突然電話が来たのが大会の4～5日前なので普通なら躊躇《ちょうちょ》するが、僕は即答で「ＯＫ」を出していた。「もちろん行くよ」というぐらいの乗りで返事をし、その後の国内でのスケジュールはほったらかしになった。

僕はすぐにナイキジャパンの磯崎（公美）さんに電話をした。陸上関係者なら誰もが知っていると思うが、女子短距離で数々の記録や実績を作った、あの磯崎さんだ。僕は高校3年の時からナイキのお世話になっていて、シドニー五輪の前あたりに磯崎さんが僕の担当になり、いろいろとサポートしてくれていた。

ローマ行きの話を説明すると「じゃあ、飛行機のチケットを手配するから」と言う。ただ、イタリアはパスポートの有効期限が90日以上ないと入国できないらしいが、僕のは残りが45日しかなかった。「それでも何とか」と旅行社にごり押しして、「じゃあ成田で出国できなかったら戻ってきてください」という念押しをされて、ローマ行きのチケットを手に入れた。

出国も入国も係の人にパスポートを提示する時はドキドキだった。特にローマの空港でイミグレーションを通る時にはかなり緊張したのに、係の人はほとんど見もせず、サーッと通過できた。

ローマ入りは大会の前日だったと思う。レース前の練習も調整もあったものではない。もうぶっつけ本番でやるしかない。空港まで誰かが迎えに来てくれたのかどうかは忘れたが、ホテルに着いたら室伏さんや朝原さん（宣治、大阪ガス）、女子走高跳の今井美希さん（当時・ミズノ）がいてホッとした。

銅メダルにつながる8日間での欧州4連戦

いきなりの電話でヨーロッパに飛んだ僕は、6月29日のローマでの大会を皮切りに、4つの国際グランプリ大会を転戦することになる。前年にもちょっとだけ海外のレースを経験したが、本格参戦は初めてで、この濃密な8日間が結果的にエドモントン世界選手権の銅メダルへとつながっていく。その過程が実におもしろかったし、興奮した。ある意味、僕の競技人生は、この8日間に集約されているようにも感じる。

国際グランプリ大会は当時、GP-Ⅰ、GP-Ⅱとカテゴリーが分かれていて、その上にゴールデンリーグ（GL）という最高峰の大会があった。ローマの「ゴールデンガラ」はGLの第1戦で、錚々《そうそう》たる顔ぶれが集まっていた。そこでいきなり3位（48秒78）になってしまう。タイムはそんなに良くなかったが「思ったよりやれるじゃん」と手応えをつかんだ。

13歩のインターバルが予想以上に「届くな」という感じだったのと、以前は「200mまでトップ」というイメージが「300mまでトップ」に変わった。第3〜4コーナーで、思っていたより遅れない。ローマでは何となくそんなことを感じた。

ローマの試合が終わったら、ワグナー氏が急に「ザグレブへ行け」と言う。クロアチアのザグレブで開かれる3日後の大会は、GP-Ⅱだ。100mの朝原さんもザグレブにいたはずだが、飛行機の移動はたぶん1人だったと思う。まだ英会話も達者ではなく「トイレはどこ?」と聞くのも難儀して

大会4～5日前に突然声がかかった6月29日の国際陸連ゴールデンリーグ（ＤＬ）ローマ大会で3位（48秒78）となり、この日を含めた8日間で4試合のレースをこなした為末（左）。右は，後の世界選手権で5位となるローリンソン（英国）

いたのに、言われるままの旅は続いた。

大会のレベルはやや落ちるが、そのザグレブの大会で僕が優勝してしまう。記録は48秒57と、ローマの時より良かった。特筆すべきは、この後のエドモントン世界選手権で金メダルを取るフェリックス・サンチェス（ドミニカ共和国）に勝ったこと。それ以降、サンチェスは何十連勝をするので、僕の勝利は価値があった。しかも、先行するサンチェスを僕が刺したというレース内容も珍しい。誇らしげに、グランプリ大会で初めてウイニングランをした。

グラウンドのすぐ横にパーティー会場があって、そこで朝原さんと食事をしたのを覚えている。そうしたら今度は「ローザンヌに飛べ」とワグナー氏に言われた。2日後の7月4日にGP-Iの「アスレティシマ2001」がスイスのローザンヌで開かれることになっていた。僕は翌日のフライトでローザンヌに行き、ちょっとだけ身体を動かした。

この頃から「少し疲れているな」という自覚はあったのだが、身体はキビキビと動けていた。この大会にはシドニー五輪金メダリストのアンジェロ・テイラー（米国）、銀メダリストのハディ・ソウアン・アル・ソマイリー（サウジアラビア）、4位のジェームス・カーター（米国）ら、またも世界のトップ選手が集結していた。そこで48秒38の自己ベストを出して3位に入ってしまうのだから、人間の勢いというのは恐ろしい。勝ったのはテイラーで、47秒95。その年、世界で初めて47秒台がアナウンスされた。

2000年9月のスーパー陸上で出した48秒47を更新して、日本学生記録を塗り替えたそのレースは、すごくカチッとはまった感じがした。僕の400mハードルの原型ができたレースだと思う。スタートから8台目あたりまでスーッと滑らかに行くのがわかって、13歩からの歩数の切り替えもスムーズだった。

結局、僕のレースは最後までこのままで、さらに上のステージには行けなかったが、「原型ができた」という点でローザンヌのレースは印象深い。

さらに次があって、2日後のパリ（サンドニ）のGLにも出ることになった。フランスへ移動したらヘロヘロで、「もう（レースは）いいや」という気になっていたんだけど、そこまで行って出ないわけにはいかない。テイラーがまた優勝して、僕はアル・ソマイリーやカーター

■2001年のシーズン全成績

《400ｍＨ》

5／12	ＧＰ大阪（長居）	２位	49.06
5／25	東アジア大会（長居）	２位	49.28
6／８	日本選手権（国立）	予選１着	50.20
6／９	〃	決勝１位	48.66
6／29	ＧＬローマ（イタリア）	３位	48.78
7／２	ＧＰⅡザグレブ（クロアチア）	１位	48.57
7／４	ＧＬローザンヌ（スイス）	３位	48.38＝日本学生新
7／６	ＧＬパリ・サンドニ（フランス）	５位	48.86
8／７	世界選手権（エドモントン）	予選１着	49.45
8／８	〃	準決勝２着	48.10＝日本新
8／10	〃	決勝３位	47.89＝日本新
8／17	ＧＬチューリヒ（スイス）	４位	48.86
8／20	ＧＰⅡリンツ（オーストリア）	５位	49.23
8／22	テッサロニキ国際（ギリシャ）	２位	48.96
9／15	スーパー陸上（横浜）	３位	48.92

《400ｍ》

4／29	織田記念（広島）	Ｂ組８着（総合13位）	48.07
5／６	水戸国際（茨城）	Ｂ組２着（総合９位）	47.17

《4×400ｍＲ》

5／26	東アジア大会（長居）	１位（３走）	3.03.74
8／11	世界選手権（エドモントン）	予選５着（３走）	3.02.75

に負けて5位（48秒86）だった。

あいだは移動日だけで、４連戦。同じような顔ぶれだったけど、全部のレースに出ていたのは僕ぐらいだったのではないか。サンチェスはローザンヌにもパリにもいなかったと思う。

「どうやって日本に帰るの？」

パリの試合が終わって、その晩は朝原さんや取材に来ていたテレビ局のＴＢＳの人と食事をした。疲れ切っていた僕はホテルで熟睡し、目が覚めたら大会関係者はもう誰もいなくなっていた。「俺はどうやって日本に帰ったらいいんだろう」とあせった。

シャルル・ド・ゴール空港の近くのホテルだったので、空港に行ってみたり、パリの街中に出てみたり。ウロウロしている時に街でたまたまＴＢＳの人に会い、地図をもらって「ＪＡＬ」の店を探した。シャンゼリゼ通りにそれを見つけ、店内で「日本に帰りたいんです」と言うと、翌日の成田行きのチケットを手配してくれた。

チケット代をどうやって支払ったのかは覚えていない。まだ学生の身分でクレジットカードは持ってなかったと思うので、現金だったのか。大会で賞金をいくらか貰《もら》っていたので、それで払ったのかもしれない。

日本に帰れることがうれしくて、その夜はパリの街で飲んでしまった。遅い時間にホテルに帰ると、回転扉の外側に自分のと似たようなスーツケースが置いてある。「俺のと似てるよなあ」と思いながらロビーに入って行くと、フロントの人が怒っていて「今夜は泊まれない」と言う。大会関係者の宿泊は試合が終わった晩までで、あくる日はチェックアウトしなければいけなかったのだ。

それにしても荷物を放り出しちゃうとはひどいじゃないか、と思ったが、どこに行く当てもないので「もう1泊できるか？」と聞くと「フル（満室）だ」とにべもなかった。

仕方がなく、僕は空港へ向かった。フライトまではまだ14時間もあるが、毛布を借りて空港内のベンチで夜明かしをした。身体は痛かったけど「ここに居続ければ日本に帰れる」と思うと、心は安らいだ。

これだけの経験をしてきているので、成田に着いた時にはもう気分が最大限に大きくなっていた。ちょうどエドモントン世界選手権代表の男子短距離・ハードル組が山梨県富士吉田市で合宿中で、僕はそこへ直接合流するためにJRの成田エキスプレスで東京駅に向かった。車中、まだろくにしゃべれもしないのに、外国人に「How are you?」などと英語で話しかけた覚えがある。

今考えてもドキドキするようなこの2001年のヨーロッパ体験は、自分の人生の中で大きなエポックになっている。よくわからないままバタバタと移動して、自分はとにかく行く先々で「スタートラインに立つこと」だけを考えていた。

転戦中、イギリスのクリストファー・ローリンソンとすごく仲良しになったのを思い出す。彼はエドモントン世界選手権で5位だった。

調整の３００ｍハードルで過去最高タイム

富士吉田に着いて、合宿のスタッフとして参加していたトレーナーの方に身体をさわってもらうと「背中がバリバリになっている」と言われた。それはそうだろう。８日間のうちに結構な強度のポイント練習を４回やったようなものだし、最後はベンチで寝た挙げ句の長時間フライトだ。男子短距離コーチの髙野先生にも「あまり（練習を）やり過ぎるな」と言われ、合宿後半まで毎日マッサージを主体にして身体をほぐしてもらった。

エドモントン世界選手権は８月３日に開幕だったが、あの年は早めにカナダ入りして、カルガリーで事前合宿をやった。そこで僕の調子がどんどん上がっていって、レース４日前の３００ｍハードルで33秒１というとんでもない記録を出した。僕のそれまでのベストが33秒９。普通なら34秒そこそこというところだ。

当時の陸連強化のハードル担当は大森先生（重宜、現・金沢星稜大教授）だったけど、都合でカナダに来ることができなくて、髙野先生がメールでやり取りしてくれていた。僕が３００ｍハードルで33秒１を出した時は、髙野先生が大森先生に「為末が大変なことになっている」というメールを送ったらしい。

シドニー五輪のあたりから、僕のピーキング法は〝髙野式〟になっていた。大会の３週間前から２週間前に、きつい練習をやって身体を追い込んでおく。その後、２〜３日休んで、10日前に４５０ｍ

を1本。また2日休んで、身体がフレッシュだったら、1週間前に250mを1本。さらに2日休んで、4日前に300mハードルをやる。そして、前日に軽く動いてレースを迎える。

4日前の300mハードルを体調の指標にするのは、引退レースまで続いた。その感覚とタイムで、レースはだいたい予測できた。はずれたのは2005年のヘルシンキ世界選手権ぐらいだ。それだけに、300mハードルをやる時は緊張する。ちゃんとスターティングブロックをつけて、8台目までほぼ全力で行く。そこはオリジナルで作ったけど、大まかな調整方法は髙野先生に教わったものだ。

それ以前は調整段階でもっと走っていたが、一発狙うレースではこの方法がはまった。〝狙い打ち〟の調整方法で、うまく行くと当日すごく元気でいられた。

あと、調整段階で気をつけたことは、バネを溜めること。きちんと弾む身体になっているかどうかを意識して調整していた。あまり身体が粘り強く動かなくても、とにかくビューンビューンと走れれば何とかなる。弾みやすい身体を作れるかどうかが調整のポイントだった。

準決勝で早くも日本新記録

1週間前の練習での250mも、確か400m代表の小坂田さんより速かった。カルガリーで小坂田さんは風邪をひいたんじゃなかったかな。現地のエドモントンに入ってから、レース前日の練習はめちゃくちゃ身体が動いた。ポンポンと身体が弾んで「地面をポーンと蹴ったら天まで届きそう」と

絶好調で臨んだ2001年8月上旬のエドモントン世界選手権。後半流して2着通過した準決勝で48秒10の日本新記録を樹立し、〝どうだ〟と言わんばかりの得意げな表情でスタンドの声援に応えた

いうのはオーバーだけど、気持ち的にはそんな感じ。

初めての世界選手権は余裕を持って迎えられて、予選はずっと流すような省エネ走法ながら1着通過（49秒45）した。一緒に出場した河村さん（英昭、当時・スズキ）と吉澤賢ちゃん（当時・デサントTC）は、予選で落ちてしまった。

翌日の準決勝も、力の温存を心がけた。3組2着＋2が決勝進出ラインで、僕は3組。金メダル候補筆頭のテイラーは1組だったが、10台目のハードルに抜き脚を引っ掛けて4着のゴール。結局、プラスでも拾われなかった。

準決勝でも流すレースができるなんて想像しなかったが、10台目を越えてからは明らかに力を抜いた。またもトップ通過、と思ったら、ゴール前でサンチェスに刺された。サンチェスが48秒07、2着の僕が48秒10。全体でも1、2位のタイムが出た。48秒10はローザンヌで出した48秒38を更新する自己ベストというだけでなく、山崎さんが持っていた48秒26（1999年）の日本記録を破る2年ぶりの日本新となった。

準決勝から決勝までは中1日あったのだが、その時間がすごく長くて緊張した。なにしろ「ここでメダルを取らないと一生ないぞ」という気分になっていた。決勝に残った選手とはほとんどヨーロッパで対戦していて、よくよく考えても「絶対に勝てないな」という選手は2〜3人しかいなかった。サンチェス、アル・ソマイリー、あとは1999年のセビリア世界選手権で勝っているイタリアのファブリジオ・モリぐらい。テイラーがいないのは大きかった。

トレーナールームで時間を過ごしながら、何度か決勝のレースをシミュレーションしてみると、３番になりそうな展開が多かった。金メダルも頭の隅に考えながら「とにかくメダルを取るぞ」と自分で自分にプレッシャーをかけた。「ただ、アイツは何をしてくるかわからないな」とそれぞれの選手の顔を思い浮かべたりして、頭の中はグルグルと回りっぱなしだった。

自分の戦法は、いつも通り。前半から13歩で突っ込んでいって、最後は粘る。あの時はトリッキー（奇抜）な手段は考えなかった。

日本の短距離種目で初のメダル獲得

エドモントンには両親とともに、父方のおじいちゃん、おばあちゃんが応援に来てくれていた。その頃はまだ、父が癌《がん》であっけなくこの世を去るなんて思いもしなかったが、２００３年に亡くなったので、父にとって結局それが最後の世界大会応援ツアーになった。

８月10日の決勝レースは、３レーン。僕の外側にモリ、サンチェスと並び、身長１９１㎝のアル・ソマイリーが１レーンというのは気の毒な感じがした。

はっきり言って、レースの内容はあまり覚えていない。スタートして前半の走りは「いつもより速いな」と。「こんなペースで行って最後、大変なことにならないかな」と一瞬思ったけど、もう「ええい、行っちゃえ」という感覚だった。５台目のハードルまでインターバルは13歩。その後14歩を入

れて、8台目以降が15歩というのはいつもと変わらない。
　２００ｍの通過はトップだったと思う。３００ｍでは、アル・ソマイリーと競っていた。最後の直線に入ってサンチェスとモリがグーッと上がってきて、かわされ、僕はアル・ソマイリーと3番争い。必死にアゴを突き出してフィニッシュし、銅メダルを確保した。もしアル・ソマイリーが1レーンじゃなかったら、やられていたと思う。シードレーンをもらうのに、準決勝は大事なんだと改めて思った。
　サンチェスが47秒49で優勝し、2位のモリが47秒54。そして、3位の僕は日本人で初めて47秒台に入る47秒89の日本新記録。ただ、記録よりもメダル

準決勝の2日後に行われたエドモントン世界選手権の決勝。為末(中央)は300m付近まで1レーンのアル・ソマイリー(サウジアラビア、右端)とトップ争いを繰り広げ、最後の直線でサンチェス(ドミニカ共和国、左端)とモリ(イタリア、左から2人目)にかわされたものの、アル・ソマイリーを抑えて見事3位に食い込んだ

為末(左)はまたも日本新となる47秒89をマークし、サンチェス(中央)、モリに続いて銅メダルを獲得。世界大会のスプリント種目で日本勢初の快挙を果たした

を取れたことがうれしくて、サンチェス、モリと一緒にウイニングランをした。オリンピック、世界選手権を合わせて、これまで日本人はまだスターティングブロックをつけて行う短距離種目でメダルを取ったことがなかった。「すごいことになっちゃったな」と思うと、しばらく興奮が収まらなかった。

日本チームのみんなも喜んでくれたが、実際は「こんなことが起こるんだ」という空気だったと思う。エドモントン世界選手権は前半の男子ハンマー投で室伏さんが銀メダルを取り、僕が銅メダル。最終日の女子マラソンでは土佐礼子さん（当時・三井海上）が銀メダルを取った。おそらく、室伏さんと土佐さんのメダルは想定内だったが、僕の銅は数に入っていなかったのではないか。

レースの1時間後に行われた表彰式は感動的だった。大勢の人で埋まったスタンド。その中にゆっくりと歩み出る時の高揚感。大画面にはメダリストの姿が映し出されていた。うれしかった。表彰台に上がったまま首にかけてもらった銅メダルをジッと見つめると、ツーンと込み上げてくるものがあった。

エドモントンと言えば、メダルを取った後にも忘れられない思い出が

■男子400mH エドモントン世界選手権ファイナリストのデータ

レーン	選手名（国名）	身長・体重	年齢	成績
1	H.S.アル・ソマイリー（サウジアラビア）	191cm・72kg	24歳	4位　47.99
2	B.ゴードン（ロシア）	192cm・74kg	22歳	失格
3	為末　大（日本）	170cm・66kg	23歳	3位　47.89
4	F.モリ（イタリア）	175cm・68kg	32歳	2位　47.54
5	F.サンチェス（ドミニカ共和国）	178cm・73kg	23歳	優勝　47.49
6	C.ローリンソン（英国）	185cm・82kg	29歳	5位　48.54
7	P.ヤニュシェフスキ（ポーランド）	178cm・68kg	29歳	6位　48.57
8	J.ムジク（チェコ）	181cm・75kg	26歳	7位　49.07

ある。本当は日本チームとしてみんなと一緒に帰国しなければいけないのに、僕はそこからヨーロッパに飛んでしまった。世界選手権後のグランプリ大会に出られることになったのだ。

日本チームの監督は澤木先生（啓祐、当時・日本陸連強化委員長）で、スタンドの選手・コーチ席で他の種目に出る日本選手を応援しながら「僕は日本に帰りません」と、生意気にも食って掛かった覚えがある。その件では、髙野先生や大森先生に迷惑をかけてしまったが、僕は自分の意思を通して、日本とは逆の方向に向かう飛行機に乗ってしまった。

今考えると、地球規模で移動する〝グローバル感〟にあこがれがあったのだと思う。メダリストへのご褒美《ほうび》か、エドモントンからスイスのチューリヒへのフライトはビジネスクラスだった。

チューリヒのGLが8月17日で、その後オーストリアのリンツ（8月20日）、ギリシャのテッサロニキ（8月22日）と3戦。真ん中のレーンをもらって「ブロンズ・メダリスト」と紹介されるのは心地良かったが、もう完全にモチベーションが切れていて、世界選手権の時より1秒以上遅かった。

テッサロニキから帰国するには、飛行機で丸1日近くかかる。アテネでまず乗り換え、次の経由地はドイツのフランクフルトだったか。空港で時間があったのでナイキの磯崎さんに電話すると「今、どこにいるの？」と切迫した声で聞かれた。エドモントンでメダルを取った為末がどこに行っているのかわからず、取材などが殺到しているという。

成田に着く時間だけ知らせておくと、TBSの人が空港まで取材に来ていて、磯崎さんも迎えに来てくれていた。まず空港内の寿司屋で腹ごしらえをしてから、磯崎さんに都内の陸連事務局まで送って行ってもらったんだと思う。

殺到した取材依頼の電話

帰国後はテレビ局や新聞社、雑誌社から取材の依頼が殺到して、大変だった。大学5年生というあやふやな身分でマネージャーがいるわけではないし、全部僕の携帯電話にかかってきた。

それでも、9月15日に横浜の競技場で行われたスーパー陸上には出場した。サンチェスとモリが来日し、僕も含めエドモントン世界選手権のメダリストがそろったことと、山崎さん（一彦、当時・岐阜ES振興事業団）の引退レースということで、男子400mハードルは盛り上がった。

結果はエドモントンの時とまったく同じで、サンチェス、モリ、僕の順。レース展開も同じようなものだった。1995年のイエテボリ世界選手権で7位に入り、世界への扉をこじ開けた山崎さんはレース後、「僕の夢はファイナルに残ることだったが、為末君はそれをメダルにつなげてくれた。いい引き継ぎができた」という話をした。世代交代のワンシーンは、ちょっぴり感傷的だった。

その後、しばらくはマスコミの取材に追われた。八王子の家賃4万円の木造アパートに、毎日黒塗りのハイヤーが迎えに来て、都内のテレビ局に通った。自分で依頼の電話を受け、断るのも悪いと思って「いいですよ」と言うと、「じゃあ、いついつの何時に迎えに行きます」となる。洗濯機が室外にあるような安アパートに迎えのハイヤーが来るという、すごい生活をしていた。

エドモントン世界選手権後、欧州転戦を経て帰国した為末（左から3人目）。〝凱旋レース〟となった9月中旬のスーパー陸上（横浜）は前日本記録保持者・山崎一彦（当時・岐阜ＥＳ振興事業団, 左から2人目）の引退レースということで男子400mハードルは盛り上がり、サンチェス（右から3人目）、モリ（左端）、為末のメダリストがそのまま上位を占めた

心置きなく後輩にバトンタッチ

1995年のイエテボリ世界選手権で7位入賞を果たし、男子400mハードルで一時代を築いた山崎一彦さん（現・福岡大監督、日本陸連強化副委員長）。最後のオリンピックとなった2000年のシドニー大会では、自分と同じように予選で敗退した為末をサブトラックで迎え、涙を流す後輩の肩を黙って抱いた。「翌年もレースに出ましたけど、事実上シドニー五輪が最後でしたから、為末の第4コーナーまでトップで突っ走っていくレースぶりを見て『心置きなく引退できるなあ』と思ったものです」と、山崎さんは新旧交代を告げられた時を振り返る。

山崎さんが日本記録をマークした1999年頃、為末は「どういうふうに走るのか？」と400mハードルの走り方についてよく聞いてきたという。「あの頃は、前半は良くても中盤で私にグッと離されるので『勝てないな』と思ったはずなんです」と山崎さん。その中盤の走りを会得して、銅メダルまで持って行ったのが2001年のエドモントン世界選手権だった。

日本記録は近いうちに破られると思っていたので重要視しなかったが、山崎さんは「きれいなスピード曲線を描いたレース展開」に感動。「自分ができなかったことをやってくれた」という思いで、当時住んでいた岐阜から精一杯の拍手を送った。

初めのうちはそれも気持ち良かったが、だんだんと「こんなことが起きていいはずがない」と思うようになった。メダルを取ると、いろんなスポーツの賞をいただくことになり、多い時には100万円もの賞金をもらったりする。だからこそあえて「ここから引っ越しちゃいけない」と思って、僕はその安アパートに居続けた。

普通の人が普通ではなくなるプロセスはいろいろあると思うけど、僕の変化は階段状ではなくて、急にバーッと上がって〝時の人〟になった。「23歳の俺がこんなにお金を手にするのはおかしくないか」と自問し、気が変になりそうなところを制御した。

何でそれができたのか……。家庭の教育も関係あったと思う。「大それたことはしなさんな」という家庭で育ったから、何かあると「冷静を保とう」という癖があった。それが良かったのか悪かったのかわからないが、「自分の感覚がおかしくなっているんじゃないか」という怖さだけは常に持っていた。

1日8件の取材をこなす日もあって、さすがに11月になると「このままでは冬の練習ができないぞ」と思った。富士通を辞めた苅部さんはその年から母校・法大のコーチになっていて、相談すると、取材のさばきを手伝ってくれた。そのあたりからたぶん、取材は陸連を通すことになり、制限がかかったのだと思う。

2002年の春、どうにか大学を卒業できた僕は大阪ガスへ入社。会社の寮に入ることが決まって、3月末で八王子のアパートは引き払った。

■男子400mH 日本記録の変遷〔2013年７月１日現在〕

60.0	今里麟次郎（神戸高商）	1925.11.15	日本オリンピック	大阪市立
58.6	福井行雄（東京高師）	1927. 4.24	東西対抗関東予選	神　宮
57.2	〃	1927. 5. 8	日本オリンピック	寝屋川
57.0	〃	1927.10.17	神宮大会関東予選	神　宮
〃	長谷川 浩（慶大）	1929.11. 3	全日本選手権	神　宮
56.2	陸口正一（明大）	1931.10.27	学生対一般	神　宮
56.0	〃	1931.11. 3	全日本選手権	神　宮
〃	福井行雄（教員）	1932. 5.29	全日本選手権	神　宮
55.7	〃	1933. 6.11	一般対学生	神　宮
〃	陸口正一（明大）	1933. 6.25	４大学対抗	神　宮
54.6	福井行雄（教員）	1933. 9.10	日本対ブラジル	パウリスタ
〃	相原豊次（簡保）	1937. 7.25	日米対抗予選	神　宮
54.2	〃	1937. 8.29	日米対抗東京	神　宮
〃	岡野栄太郎（中大）	1951. 3.10	アジア大会	ニューデリー
53.7	〃	1951. 8. 1	日米対抗名古屋	瑞　穂
53.6	〃	1951.10.13	日本選手権	瑞　穂
〃	〃	1951.10.31	国　体	広　島
〃	〃	1952. 6. 1	オリンピック予選	三ッ沢
53.0	〃	1952. 6.21	東西対抗	神　宮
52.8	大串啓二（成徳高教）	1958. 5.25	アジア大会	国　立
〃	〃（旭化成）	1959.10. 1	日独交歓静岡	草　薙
52.6	〃	1959.10. 3	日独東京	国　立
52.4	〃	1959.10.24	一般対学生	小田原
52.2	〃	1960. 6.15	五輪標準記録挑戦	国　立
52.1	〃	1960. 8.12	国際競技会	ルートウィッヒスハーフェン
52.0	飯島恵喜（大昭和）	1961. 4.29	静岡県選手権	草　薙
51.1	〃	1962. 7.13	アジア大会最終予選	藤　沢
50.4	長尾隆史（筑波大）	1978. 9.17	日中親善	草　薙
≪1975年以降の電気計時日本記録，1993年以降は電気計時のみ公認≫				
51.54	山本和平（法大）	1975.10. 4	日本インカレ	国　立
51.42	長尾隆史（筑波大）	1977. 5.22	関東インカレ	国　立
51.11	〃	1977.10.29	日本選手権	国　立
49.59	〃	1978. 9.25	８ヵ国陸上	国　立
49.50	吉田良一（順大）	1986. 4.27	静岡国際	草　薙
49.40	〃	1986. 9.30	アジア大会	ソウル
49.20	〃（福井商高教）	1987. 7.19	ユニバーシアード	ザグレブ
49.11	斎藤嘉彦（法大）	1991. 5.19	関東インカレ	国　立
49.10	〃	1991.10.17	国　体	金　沢
49.01	〃	1992. 8. 3	オリンピック	バルセロナ
48.68	〃	1993. 6.12	日本選手権	国　立
48.37	山崎一彦（アディダスＴＣ）	1995. 8. 7	世界選手権	イエテボリ
48.34	苅部俊二（富士通）	1997.10. 5	日本選手権	国　立
48.26	山崎一彦（デサントＴＣ）	1999. 5. 8	国際ＧＰ大阪	長　居
48.10	為末　大（法大）	2001. 8. 8	世界選手権	エドモントン
47.89	〃	2001. 8.10	世界選手権	エドモントン

DAI STORY

第6章

「思考期」

生きるとは？　走るとは？

大学卒業後、進むべき道は――

2001年のエドモントン世界選手権で銅メダルを取った僕は、02年の春に法政大学を卒業し、朝原さん（宣治）や小坂田さん（淳）がいる大阪ガスに入社した。配属は人事部だったが、勤務は午前中だけで、陸上競技の練習や遠征で時間を優遇してもらえる〝企業アスリート〟だ。

実は、大阪ガスの山地繁信監督（当時）から「うちに来ないか」と誘ってもらったのは、メダルを取る前だった。2000年のシドニー五輪は予選落ちしている身で、この先どう伸びていくかは未知数だ。そんな選手に声をかけてくれた大阪ガスの人たちに感謝して、その時点ではさほど悩むこともなく入社を決めたのだが、エドモントンでメダリストになると事態が一変した。誰かに「プロにならないの？」とささやかれたのだ。

プロ？　そういう道があることに初めて気づいた。真っ先に女子マラソンの高橋尚子さんが思い浮かんだ。2000年のシドニー五輪で金メダルを取り、国民栄誉賞までもらって、陸上界のスターとして活躍していた。その頃、自分が頭に描いたプロのイメージは「お金がいっぱい儲《もう》かる」「格好いい」「人気者」といったところか。そう考えると「俺、本当になれるのかな？」と懐疑的になった。

陸上でどこの実業団チームにも所属しないでやっていく道があるのか、誰かに相談した覚えがある。誰だったかは忘れたが、その人には「そんなものはない」と言下に否定された。現場の人たちに、そういう発想はまったくなくて、大学を卒業してから陸上を続けるなら企業に所属するのが常套《じょうとう》手段だった。

それより何より、メダルを取る前から誘ってくれた会社への恩義を忘れてはなるまい。近頃の学生なら起業するとか、転職するとか考えの幅があるけど、僕らの時代はまだ終身雇用の考えが根強くて、いったん会社に入ったら定年まで勤め上げるものだと思っていた。

悩んだ挙げ句、僕は「プロ」という言葉をいったん封印して、大阪ガスでお世話になる決心をした。「人として、そういうことをしていいのか」という自問が導いた結論だった。今ぐらい図太い神経があれば、すぐプロの道に入っていたかもしれないが、当時はまだ義理人情に心が揺さぶられた。

社会人の第一歩

2002（平成14）年の4月、いよいよ社会人としての生活が始まった。新入社員の研修を受けた後、午前中だけ勤務して午後練習に行く生活を続けた。

しばらくすると「想像していた生活と随分違うな」と思えてきた。企業に所属するアスリートがみんなそう感じるわけではないだろうが、僕は「会社の中にしっくりと来る居場所がないな」と思った。おそらく、競技をやっているうちはスキルも上がらないだろうし、競技をやめてから新たに居場所を作るのも大変だろう。会社にいて、自分が成長している実感を全然得られないのは、結構つらいことだった。

2002年の春、法大を卒業して大阪ガスに入社。新しい競技人生をスタートさせた為末

もう一つ、退社へと気持ちが傾く理由として大きかったのが「俺、ここにいても社長になれないぞ」と思ったこと。何をやるにも1番になりたい。それは変わらなかった。しかし、東大、京大卒がいっぱいいる会社で、この会社に居続け、どうがんばってもランキング10位に入るのがせいぜいだろう。「これは１００ｍの世界にいるようなものだな」と思った。この世界でトップになるのは無理だから、「ハードルを探さないとダメだ」と。

新入社員の研修会で東大、京大卒の秀才と言われる人たちと初めて話をしたけれど、「俺は思ったよりずれてないな」と感じたのも事実だった。いわゆる学問の知識では劣るが、勘の勝負では負けてなかった。「もしかしたら陸上ではない道でもやっていけるかな」と、ちょっぴり自信をつかんだ。たとえば、研修の中に「トレードゲーム」というのがあった。トレードだから取引だ。みんなに封筒が配られて、中には紙やコンパス、ハサミ、ものさしなどが入っている。中味は人によって違う。ルールが説明されて「三角形10個で１００００円です」とか「二等辺三角形10個で２００００円です」と言われる。

みんな紙の意味を考えるけど、ピンと来ない。僕はその時に「ハサミだ」と思って、ハサミを持っている人のところへ行って交渉する。「ハサミを貸してもらう代わりに儲けは分けよう」と。今度は、線を引くからものさしだ。ものさしを持っている人と交渉する。やっぱり紙を切るのにハサミの価値が高くて、次第にハサミを持っている人は「貸してあげるけど8割利益ちょうだい」とか、殿様商売になってくる。僕は早いうちに交渉を成立させて、利益を出した。

社会人1年目の2002年、一番大きな大会だった10月のアジア大会（韓国・釜山）で為末（右）は3位どまり。前年のエドモントン世界選手権で為末にかわされてメダルを逃していたアル・ソマイリー（サウジアラビア、中央）が優勝し、アル・ヌビ（カタール）が2位だった

いったん枠をはずして考える、というようなところが得意だったのだと思う。僕がアメリカ・サンディエゴにいる時に当時の上司の方が来てお会いしたら「為末君は細かいところは抜けていたんだけど、枠組みをはずして、想像していないところから来る提案がおもしろかった」と言われた。社内の上の方の人の評価は結構高かったらしくて「陸上をやめたら会社の主力になってもらう話もあったんだよ」と言われ、お世辞半分にしてもうれしかった。

研修会で得た自信は「100mはダメだけど400mハードルなら行けそう」と思った感触と似ている。「これは勝負できる場所もあるぞ」と思えてきて、その頃から「全然違う人生もあるんじゃないかな」と考え始めた。

アメリカのチームで長期合宿

社会人1年目のシーズンは、ヨーロッパのグランプリレースに出たりしたが、特筆するような結果は残せていない。2002年の400mハードルのシーズンベストは、秋のスーパー陸上で出した48秒69（1位）。9月末から10月初めにかけて韓国・釜山で開かれたアジア大会は、3位（49秒29）だった。

前年に世界選手権の銅メダルを取って、一種の〝燃え尽き〟のような症状はあったと思う。この先、どこを目指せばいいのかよくわからなかった。それとは逆に、世の中の期待だけは膨らんでいって、心の内と外のギャップにとまどった。

「このままじゃダメだ」と思ってとった行動が、アメリカでの合宿だった。「行っちゃえ」というような勢いで、エージェントのオランダ人女性、キャロライン・フェイスに受け入れ先を探してもらい、2003年1月に渡米。およそ3ヵ月間、サンフランシスコを拠点とする「Remi Track Center」で練習した。レミ・カルチェムニーさんという当時でも70歳を超えていたウクライナ出身のコーチは、旧ソビエト連邦時代、1972年のミュンヘン五輪男子100m、200mの金メダリスト、ワレリー・ボルゾフを育てたことで知られている。

レミの元には、男子100mのヨーロッパ・チャンピオン、ドウェイン・チェンバース（英国）やエドモントン世界選手権女子200m銀メダリストのケリー・ホワイト（米国）ら、世界のトップ選

2003年1月から約3ヵ月間、世界のトップスプリンターが複数いるサンフランシスコ郊外の「Remi Track Center」で武者修行した為末（左端）

アメリカで指導を受けた70歳過ぎのウクライナ出身コーチ、レミ・カルチェムニーさん（左）は旧ソ連時代、1972年のミュンヘン五輪100m、200mの王者、ワレリー・ボルゾフを育てた実績があった

手も集まっていた。ただ、残念なことに、このチームにいた何人かがのちにドーピング検査で摘発されている。僕が滞在中に、そんなことはまったくわからなかったのだが……。

きちんとコーチについたのはこれが最初で最後だったけど、特殊なことをやっているわけではなくて「あ、それはそうね」という感じだった。技術について聞くと「それはお前が考えることじゃない」と言われる。

そんな感じのコーチが多いということはあとでわかるのだけれど、これで決定的に「俺はコーチをつけるというのは向いてないんだ」と思った。「だって納得できないんだもん」と思ったら、もう終わりだ。納得できずに激論も交わしたが、まだ英会話が達者ではなかったので、言いたいことが言えずにもどかしいまま引き下がることが多かった。

良かった点は、アメリカ文化を学んだことか。あとは、外に出てみないと日本がどういう国かわからないので、それができたこと。日本の選手は外からながめる経験が少なすぎる。それはまずやった方がいいと思う。僕は高校ぐらいからやってもいいと思っている。

外から日本を見るということは、海外にいることが普通の感覚になることだ。東京から福岡に行くのと同じ感覚で、イギリスやアメリカに行けることがすごく重要だと思う。

練習方法のメソッドは「日本のレベルは低くない」と、この時に確信した。むしろ高い。だから、もし僕がアメリカ人だったら日本に来て練習すると思うけど、日本人の場合はできれば何年間か海外に住んでみるといい。思い切って行けば、何とか生きていけるものだから。

母からの悪い知らせ

アメリカに滞在中、母親からのメールで父の病気を知った。3月3日に入院したから、その前後だったと思う。食道がんで、病状はかなり進んでいるようだった。あとで「余命半年」という話を聞くのだが、まず父が病気ということも母は僕に言わない方がいいと思ったらしくて、姉と妹に相談した。姉たちは「私だったらきちんと知っておきたいので、大君もそうじゃないかな」と言ったとか。それで母はメールをくれたが「帰って来なくていいから。そっちにそのままいなさい」とも書いてあった。父も「大には言うな」と厳命し、僕が帰国してからも「病院に来させるな」といつも言っていたらしい。

渡米する前、運転免許証を取得するために1ヵ月ほど広島の実家に帰らせてもらったことがある。その時は元気だったから、メールを読んで本当に驚いた。ただ、ずっと咳《せき》をしていて、気になった母が病院に行くように勧めたが「決算が終わってから」と会社の仕事を優先させていたようだ。年が明けて、仕事が一段落してから病院に行くと、いきなりのがん宣告だったという。確か、本人には告知しなかったのだと思う。父がどれぐらい気づいていたのかは、今となってはわからない。

子供の頃「人はいずれ死ぬのに、何で今生きるんだ」というようなことを、ぼんやりと考えたことがある。「目的のためにがんばれ」とみんなが言う。「勝つために練習しろ」と。だけど、最後は全部死んでなくなっちゃうのに、何で今がんばるんだろう……。そんなことを小学生の頃、詩に書いた覚

アメリカでの武者修行の休養日、ゴールデンゲートブリッジやサンフランシスコ市街を見下ろせる高台で写真に納まる為末。これを撮影した2003年3月には父親の病状が知らされており、心中は穏やかでなかった

えがある。

父のことがきっかけで、またそういう思考回路が活発になった。「本当に半年後に死んじゃうの?」と考えると、人生なんてあっけない、と思えた。「じゃあ、人は何のために生きているんだろう?」。

その答えを探すために、サンフランシスコから車で1時間ぐらいのところにある「ジャパン・タウン」の本屋にしょっちゅう通った。「死とは何か?」を書いた仏教関係の本とか「武士道」の本などを買ってきて、「じゃあ自分の人生はどうしたらいいんだ」ということも考えた。走ることの意味、働くことの意味、生きることの意味など、哲学的なことを考え始めた時期だと思う。

父の死と向き合って

4月に日本に戻ってきてから、しばらく身体がボテボテしていて、走るのも遅かった。長い距離はあまり走らず、短いダッシュ系の練習ばかりだったのと、やっぱりウエイトトレーニングが多かったからだと思う。体重はかなり増えていた。ただ、筋肉だけじゃなくて脂肪もついていたはず。ハンバーガーばっかり食べていたから。そんなこんなで、2003年のシーズンもかなり厳しい状況にあった。

その年、日本選手権前の合宿を、朝原さんや小坂田さんと一緒に広島でやっている。広島陸協の三宅（勝次）先生（現・日本陸連副会長）が「広島経済大学のグラウンドを使っていいよ」と言ってくれて、お願いした。

自分の中では「広島で合宿していれば、いつでも病院に行ける」という思いがあったが、父のことは選手仲間にあまり詳しく伝えてなかった。3月に入院後、治療のおかげで安定した病状が続いていたのに、5月のある日に急変して吐血と下血。医師が「息子さんも呼んでください」と言ったそうで、もう予断を許さない状況だった。

「来させるな」と言っておきながら、僕が日本に帰って初めて病院に行った時は、顔を見るなり号泣した父。でも、普段はあまり感情的にならず、淡々としていた。父親と息子というのはどこの家もそうだろうが、あまり会話が弾まない。「お父さんがこう言ってたよ」というのは、すべて母親から聞いた話だ。

病室のベッドに横たわる父を見ながら、僕は30年後の姿として自分の人生に投影していた。親父が今、一番後悔していることは何だろう。親父の人生はそもそも何だったんだろう。最後の最後まで「こういう人生がいいんじゃないか」というのは言わなかったが、息子なりにいろんなことを考えた。

自分の人生が終わるということは、その前に引退がある。そう考えると「本当に今のままでいいのか」と思った。自分が今、本当にやりたいことは何だろうか……。

父はどうもたこ焼き屋をやりたかったらしい。ただ、家族があるから会社員になった。というような話になった時に、母は「家族のことはいいから、自分のやりたいことをやればいい」という意見だった。そんな話を聞くと、人を気遣って思うように生きられない人生のせつなさを感じてしまう。

10年経ってもつらい思い出

為末の父・敏行さんが亡くなって、２０１３年の７月20日で丸10年が経つ。母の文枝さんは「何につけても雨の日の傘がなくなったみたいで、悲しみは10年経っても同じです」と、つらい気持ちを打ち明ける。息子の大に対しても「お父さんがいればもっと違う支えができるんだろう」と、ずっと思っていたそうだ。

敏行さんが息子の応援に出かけた最後の世界大会は２００１年のエドモントン世界選手権だが、亡くなる前年の秋、02年の釜山アジア大会には夫婦と娘２人、家族４人で応援に行っている。ちょうど長女の愛さんが挙式を控えた頃で「１週間休みが取れたので愛ちゃんの結婚前、最後の家族旅行に行こう」と父が提案した。

03年のパリ世界選手権は葬儀の後で家族誰もが疲れている時だったが、父方のおばあちゃんが「行ってあげないと大が走れないかもしれないよ。チケットが取れるなら行っておいで」と言ってくれて、文枝さんは下の娘の祥さんを伴って出かけた。

25歳で父の葬儀の喪主を務めた大は引退した今、仕事でちょくちょく広島に帰ってくる。生前、敏行さんの運転でよくドライブを楽しんだという文枝さんは、大の運転する車に乗ると「助手席に乗れるのはうれしい」と何度もつぶやいてしまうそうだ。

そんな人生は確かにあって、だからこそ世の中がうまくまわっているんだろうけど、何となく「子供の頃は人のことを気遣わずにやってきたじゃないか」と思えてくる。「じゃあ、人に気を遣わず、自分が今一番やりたいことは何だろう」と問い詰めると、「今まで誰もがやってないことを全部やってやろう」という結論に達した。「プロになる」と。みんな会社に所属しているより、違う存在がいた方が陸上界もおもしろいんじゃないか、と自分で自分をけしかけた。

アメリカで一緒に汗を流し、仲良しにもなった選手のドーピング違反が発覚した時も、哲学めいたことを考えた。「悪いことをした人間」としてみんなぼろくそに言うけど、僕は練習で「痛い」「苦しい」と言ってるのを知っているし、吐いているのも見ている。唯一の違いは「身体に何かを入れている」というだけで、他はみんなと何ら変わらなかったから、一概に断罪できないモヤモヤがあった。

日本人がドーピングに関してリアリティが持てないのは、実際にドーピングをした人間と深く話したことがないからだと思う。数年前にアメリカのテレビ番組でケリー・ホワイトのドキュメンタリーがあったけど「なぜドーピングをしたか?」という問いに「マネーとプライドが欲しかった」と答えていた。

レミも日本人から見ると機械的なコーチなんだけど、とはいえ人間的な側面はあって、帰国する時には「We love you!」と書いた寄せ書きをくれた。「いったいこの人たちをドーピングに走らせたのは何だろう」と、つくづく考えさせられた。アメリカで生活してみて「この国の文化はお金がすべて」というのも何となく感じたが、「罪を憎んで人を憎まず」という精神も考えずにはいられなかった。

立ち直るきっかけは末續の銅メダル

03年もヨーロッパ遠征に行ったが、たいした結果も残せず、そのまま神奈川県平塚市にある東海大でパリ世界選手権の男子短距離代表合宿に入った。7月20日の午後7時過ぎ、父が死んだという知らせが届く。小田原駅からすぐにJR東海道新幹線で帰ろうとしたが、その日のうちに広島まで行ける列車はもうない。仕方なく翌日の朝、学生時代にやはり父を亡くしている末續慎吾（ミズノ）に見送られて、広島へと向かった。

パリ世界選手権は8月末だったから、54歳の若さであっけなく逝った父の葬儀を済ませてほぼ1ヵ月後の大会。「決勝に残りさえすれば何とかなる」と思ったが、明らかに準備不足だった。今振り返っても、脚がボテボテしていたイメージがある。

その年の日本選手権で48秒94を出していたものの、パリ世界選手権の予選は49秒45もかかって4着。いったんはプラス通過の9人からもはじかれ予選落ちのはずだったが、失格者が出て繰り上げで準決勝へ。しかし、準決勝もホームストレートで力尽き、7着（49秒37）まで下がった。

末續が男子200mで銅メダルを取ったのは、その後だ。日本の短距離史上初のメダル獲得。「これはすごいことが起きた」と思って、鳥肌が立ったのを覚えている。

この末續のメダルが、自分にも大きな変化をもたらした。いろいろと思い悩んでいたことがそこでプツンと切れて「もうやるしかない」と、一気に前向きな気持ちになれた。末續のあの快走が僕のモ

父親の死から1ヵ月後に開催された2003年8月のパリ世界選手権は準備不足で迎えてしまい、予選はぎりぎり通過したものの、準決勝7着（49秒37）で敗退した

自分の結果には失望したパリ世界選手権だったが、2歳下の末續慎吾（右）が男子200mで米国コンビに続いて銅メダルを獲得する快挙を成し遂げ、それが大きな刺激に。為末は10月末に大阪ガスを退職してプロ·アスリートの道を歩みだした

ヤモヤを吹き飛ばす、大事なきっかけになったのだ。

いったん「メダリスト」の肩書きがついて、その後走れない自分がいても、ゼロに戻せない感じが続いていた。プライドもあるし、周りは走れなくてもそれなりに評価してくれる。でも、末續がメダルを取って、周囲の関心はすべて彼の方に移った。そのことが悔しいとか、うらやましいとか、寂しいというのはもちろんあったけれど、もう僕の手元には何もない。「俺のブームは終わったんだ」と認識すると、「じゃあ、プロになって何でもやってやろう」「何とかしてやる」という気持ちになった。その時の決意は、はっきりと覚えている。

２つ下の末續とは種目は違うけど仲が良かったし、やっぱりどこかでお互いにライバル視しているところがあって、あの銅メダルにはすごい影響を受けた。

「スプリント・サーキット」を考案

帰国して間もなく、９月６日に父の四十九日の法要を済ませると、僕は活発に動き出した。「早く冬季練習を始めないと、アテネ・オリンピックに間に合わない」という気持ちだった。大阪ガスの人たちは本当に良い人ばっかりで「辞めます」と言い出すのはつらかったが、10月末で退職した。「もう後戻りはしません」と心に誓うつもりで、八王子に行ってアパートも契約した。学生時代のように、また法大を拠点に練習をする。いろいろな方に迷惑をかける選択だったかもしれないが、自分の気持

2003年のオフに「スプリント・サーキット」を考案した為末。集団から離れて1人黙々と独自の練習メニューをこなすことが増え、1日中グラウンドにいた

ちに正直になれて、すがすがしい再出発だった。

　その冬はガンガン練習した。当時は未完成だけど、走ることとウエイトトレーニングを組み合わせたような練習をかなりやった。それまではビューッと走って、何分か休んで、またビューッと走る。そして脚に乳酸が溜まってきて動かなくなっても、がんばって走る。というのが練習のイメージだった。ジョギングみたいに走るか、すごく息苦しく走るかの二通り。そうではなくてアメリカの400m金メダリスト、ジェレミー・ウォリナーのように、サーッと軽く走ってゴールまで行っちゃう、という練習をした方が、結果として400mのタイムが上がるんじゃないかと思うようになってきた。

僕らは「乳酸を出す」という言い方をするけど、疲れてから踏ん張るような練習をするよりも、比較的心肺機能に負荷をかけるような練習を繰り返した方が、僕には向いているのではないか。というのは、1度脚が疲れてくると、僕は徹底的に置いていかれる。そういう練習が得意な選手もいるのだけれど「僕はタイプが違うんじゃないか」と思い始めて、それからちょっとずつコンセプトを変えていった。

だいたい練習というのは、最後に脚がダメになるか、息は上がるけど脚は平気、というどちらか。選手の好みもあってどっちかを優先させるのだけれど、本当にパタッと脚が動かなくなるのは僕ぐらいだった。でも、1000m走などをやると僕の方が強い。それがずっと不思議ではあった。

それまでは「弱点をつぶさなきゃ」とずっと思っていたので、元々強いサーキット系の練習は脇に置いといて、いわゆる「乳酸を出す」練習をメインにしていた。弱点をつぶせば速く走れると思っていたから。でも、03年の冬「こういう練習は俺に向いてない。もう捨てちゃおう」と思って、対乳酸能力を高めるような練習はほとんどやらなくなった。

その代わりに、サーキットの中にランニングを持ち込むような、有酸素運動を含めたスピードとパワーをつける練習を採り入れた。サーキットは小学校時代からやっている、いわば僕のトレーニングの根幹だ。それにランニングを組み合わせた。

名付けて「スプリント・サーキット」というような内容で、いろいろメニューはあるが、1つ例を挙げる。これはすべて100mの距離を行ったり来たりして行う。

大阪ガスで兄貴分のように慕っていた短距離の朝原宣治（左）は為末が退社後も何かとサポートしてくれて、冬場には一緒に海外で合宿も行った。写真は米国・アルバカーキ

◎「スプリント・サーキット」の一例

ハードル・ドリル20台→１００ｍミニハードル→メディシンボール投げ×10回→スキップ１００ｍ→バーピージャンプor腕立て伏せ×10回→１００ｍダッシュ→ランジ×20回→１００ｍダッシュ→スクワットジャンプ×10回→３００ｍ走

父のことがあって人生が終わる瞬間を意識したので、引退はそう遠くないことだという自覚があった。「だったら弱点を埋めている暇はないんじゃないか」と思った。

代表合宿に行けば相変わらず小坂田さんと一緒に走っていたが、普段の練習は自分のオリジナルに持っていこうと思って、そのあたりから極端に集団を離れ〝個〟で練習をするようになった。誰とも話さず、ただ黙々と「スプリント・サーキット」をこなした。

プロ・アスリートの道へ

プロ・アスリートになったはいいが、スポンサー探しは難航した。今もお世話になっているサニーサイドアップの次原悦子社長が心を砕いてくれたものの、人のってでどうにかスポンサーが決まったのは２００４年になってからではなかったか。

それまで半年間ほどは、貯金を取り崩してスポンサーなしでやっていた。ぜいたくは全然してないが、生きていくには何かとお金がかかる。「貯金がなくなる時が引退だな」と思いながら、不安を覚えたこともある。

そういう面ではきつかったが、気持ちだけは前向きだった。何としてでも生き残ってやろうと思った。

競技人生の中で、自分が〝やる気〟に染まりきるという時期が何回かある。ピークは高校2年の時と、シドニー五輪の前と、この時の3回。「俺、何でも練習できる」という感じで、とにかくものすごい練習をやった。朝から晩まで。しかも、それが全然苦ではなかった。

このあたりで自分の練習の原型ができたのだと思う。サーキットもそうだが、ウエイトトレーニングもスナッチとスクワットが主になった。「スプリント・サーキット」は多い時で10セット。セット間は15分休んで、延べ4時間ぐらい。そうしたら、暮れの代表合宿で、坂ダッシュとかをやっても一番速くてビックリした。

３００m×3本とか最後はまったく脚が動かなくなる練習よりも、こういう方向の練習が僕には向いていたようで、引退するまで冬の基本練習は「スプリント・サーキット」になった。

気持ち悪くなるような練習ではないので、おにぎりをグラウンドに持って行って、セット間に食べて、また次のセットへ。さらにウエイトをやったりして、1日中練習場にいた。選手にはそういう〝狂気〟とも言うべき練習をする時が必ずある。

2度目のオリンピック

スポーツの世界で〝たられば〟の話をしても仕方がないけど、オリンピックでメダルを取れる可能性があったとすれば、２００４年のアテネ大会だったと思う。すごく速かった。失敗の原因を端的に言えば「直前の練習のし過ぎ」ではなかったか。

調整の指標にしていたレース4日前の３００mハードルは、32秒9だった。エドモントン世界選手権の時が33秒1だから、競技人生で一番速い。ただし、すごくバネがあるかというと、そうでもなくて、どこかすっきりしない感じはあった。体調としては、エドモントンの時の98%ぐらいだったか。本当にそのあたりは紙一重で、決勝まで残っていたら48秒そこその勝負ができたのではないかと思っている。

走れていたので、まず予選は「タイムトライアル」ととらえて、ゴール前も無理せず楽に走った。

アテネ五輪では準決勝でシーズンベストの48秒46をマークして3着に入った為末（中央）だが、レーンや風にも恵まれず惜しくも落選した。手前は決勝で銀メダルを手にするマクファーレン（ジャマイカ）

為末は総合10番目のタイムで決勝進出を逃した

2度目の桧舞台だったアテネでも〝五輪の女神〟は為末に微笑んでくれなかった

48秒80で3着。前回のシドニー五輪は予選で転倒しているので、オリンピックの舞台で初めてまともにゴールした。

翌日の準決勝は3組あって、各組上位2着と3着以降のプラス通過はわずか2人。僕は4レーンに入ったが、運悪く第1コーナーから第2コーナーにかけて強い向かい風が吹いていた。背の小さい僕はスタートから突っ込んで行くわけで、そこの向かい風はものすごく不利になる。「風よ、静まれ」と心の中で祈っていたが、ウォーミングアップの時から吹いていた風は収まらなかった。

突風にあおられ、1台目のハードルを倒す展開。それでも気持ちを切らさず、ゴール前の競り合いに勝って3着は確保した。記録は48秒46で、その年のシーズンベスト。プラス通過に望みを託して3組のレースを見守ったが、3着以降の記録では4番目。あと2人というところで決勝進出を逃した。それでも、1台目を倒しながら、よくそれだけの記録が出たと思う。スタートでリズムを崩したら、49秒台に入っていてもおかしくない。

オリンピックの順位がグランプリ大会などの出場料にシビアに反映されるプロの世界に入って、最後の直線は死にものぐるいだったと思う。2番以内が無理なら、せめて3番に食らいついてないと、決勝進出の望みはほぼゼロに等しい。確か、地元の大声援を受けるギリシャの選手を抑えて、ブーイングものの3番だったと記憶している。

4年に1度のオリンピックで結果を出せるか出せないかは、運もある。その点だけを考えると「指導者がいた方が良かったかな」と思う。もうちょっと練習を抑える役として。あるいは、戦略を考える役として。ただ、僕のような性格だと、強烈に「この人、すごい」と思わないとダメで、なかなかそう思える人に巡り会えなかった。

その年はオリンピックの後もヨーロッパのグランプリ大会に出場し、獲得ポイントが上位８人に入って「ワールドアスレティックス・ファイナル」というモナコで開かれた大会に出ている。48秒72で６位だったのだが、これは結構うれしかった。日本のトラック種目で初のファイナル出場とはいえオリンピックなどより世間の評価は低いし、テレビの中継も深夜だった。しかし、その放映を観てくれた人がいて、アサヒビール「スーパードライ」のＣＭ出演の話が舞い込んできた。「こういうところに勝負のしどころはあるんだ」と思うと、何だかおもしろかった。

やっとプロとしての生活が回り出した。あれだけ「引退」の文字が頭にちらついていたのに、どこかに消えて「まだまだ行くぞ」という気持ちになっていた。走ることが仕事で、スポンサーもついて、海外でも勝負できる。毎日が楽しくて仕方がなかった。

「陸上の人気を高めよう」

陸上競技を何とかしないといけない、陸上人気を高めていかないといけない、と思い始めたのがアテネ五輪の頃だと思う。海外のグランプリ大会に出始めた頃は「選手が強いから人気が出る」と思っていた。国内の陸上関係者に聞いても「お前たちが強くなれば人気が出るんだ」と言う。

だけど、アテネ五輪の男子ハンマー投で室伏広治さん（ミズノ）が金メダルを獲得しても、バーンと陸上人気が高まったわけではなかった。

僕は海外のレースに出ているうちに「人気が高いから強い選手が出てくるんだ」と気づいた。だったら、日本も陸上の人気をまず高めよう……。

ちょうど僕らの世代で世界にチャレンジできる選手が何人か出てきて、「日本の陸上をおもしろくしたいね」という話を折に触れてできるようになってきた。スタンドがいっぱいに埋まる海外の大会を見ているから「日本の大会でもあんなにたくさんお客さんが来てくれるといいよね」と。

そういう面でもおもしろさを感じ始めた頃だった。

為末の背中をソッと押した先輩

早くから海外に飛び出し、ドイツやアメリカで外国人コーチについて世界のトップを目指した朝原宣治さん（大阪ガス）は、為末の目標でもあった。自分のチームに入ってくることに関しては「僕は海外にいたのでほとんど関与していません」と言う朝原さんだが、プロになる時は相談を受けている。

「僕に言ってきた時には、ほとんど腹を決めていたと思いますけど」と朝原さん。ただ「ソッと背中を押した」ことだけは覚えている。ちょうどプロ野球の松井秀喜が大リーグへ移籍する頃と重なったか。「巨人にいれば安泰の松井がヤンキースに行く。それを引き合いに出して、アメリカのチームに飛び込んで上を目指すという大ちゃんに、僕なりのエールを送ったんだと思います」。自分の専門種目の100mでは、グランプリ大会に出るのはなかなかむずかしいが、400mハードルなら出場する機会も多くあるだろう、という〝稼げる道〟も考えての後押しだったようだ。

2003年のパリ世界選手権では、男子200mで銅メダルを取った末續慎吾（ミズノ）に大きな刺激を受けた為末。「それは大ちゃんだけでなく、僕も大きな刺激を受けた1人です」と朝原さんは言う。2002年に9秒台を狙って、かなわず。「もう陸上はいいかな」とあきらめかけていたところに、日本の短距離界で初の快挙。「陸上に対してどこかマンネリ化していた僕なんですが『立ち止まっている場合じゃないぞ』と、大きく気持ちを動かされました」。

それがなかったら、2004年のアテネ五輪で引退を迎えていたかもしれないのだ。

DAI STORY

第7章「強運期」

荒天を味方につけて2つ目の銅メダル

走りが軽やかに

ヘルシンキ世界選手権が開かれた2005年を振り返ると「すごく速かった」という記憶はまったくないが、走り方がきれいになったイメージは残っている。きれいというか、上手になったというか……。

中学3年生の頃は、走っていてスーッと前へ進んでいく感覚があった。それが高校生になってから少し腰が落ちてベタ足になり、フラット着地のような重い走りに変わった。その癖《くせ》がずっと抜けないまま来ていたんだけど、2004年あたりから抜けてきて、走りがすごく軽やかになってきた。出るタイムは同じでも、努力感が違って、すごく楽に走れるようになった。

なぜそう変わったのかは、よくわからない。練習の450mのタイムもこのあたりから速くなって、53秒2のベストは2005年に出していると思う。300mハードルも、04年ごろが一番速い。無理してがんばる走りではなくて、このころは200mをサーッと走ってショートリカバリーで帰ってくるような練習が多かった。先に紹介した「スプリント・サーキット」も効果があったのかもしれない。

周りから見ていると、やはり吐いてぶっ倒れる練習の方が、がんばっている感じはするだろう。周りから見るきつさと、自分で感じるきつさは全然違う。当時、僕がやっていた練習は楽そうに見えたかもしれないが、「スプリント・サーキット」の100mは12秒かかってはダメなので、10秒台で何本も往復する。心臓がパンクしそうになるほどのきつい練習なのだ。

この頃、金丸祐三（当時・大阪高、現・大塚製薬）の影響も多分にあった。金丸は05年の日本選手権で男子400mに優勝し、高校生ながらヘルシンキ世界選手権の代表になっている。僕が持っていた45秒94の高校記録を高2で破ったのが金丸で、高3の05年には45秒47まで記録を縮めるのだが、最初のうちは「フロックだろう」と思ってながめていた。しかし、ヘルシンキで練習を垣間見たら「こいつ、本当に速いぞ」と。練習の内容も短い距離をショートリカバリーでビュンビュン行っているイメージがあって、僕としては気になっていたら、翌年に法大へ進学してきた。

僕は以前に〝ぶっ倒れる系〟の練習をさんざんやったから、回りまわってそういう考えに到達したのだと思う。ただ、自分の身体に向いていても、多くの日本人選手に向いているかどうかはわからない。時系列はバラバラだけど、400mハードルのフェリックス・サンチェス（ドミニカ共和国）や400mのジェレミー・ウォリナー（米国）ら金メダリストの練習をぼんやりと見ていた時からの発想で、金丸には自分と似たような何かを感じた。

雷雨で一時中断の日本選手権

05年の日本選手権（東京・国立）は、あとから思えばヘルシンキ世界選手権のシミュレーションをしているようなレースだった。男子400mハードルの決勝の日は、レース直前に激しい雷雨になり、競技が中断して、20分ほどスタート時刻が遅れた。この年は成迫健児（当時・筑波大）がグーンと伸

2005年は6月の日本選手権も大雨の中のレースで、為末（中央）は積極策で伸び盛りの成迫健児（当時・筑波大、左）を抑えた

びてきていて、5月の大阪グランプリでは僕が100分の1秒差で負けている。

「今度は負けるわけにはいかない」と、1つインのレーンに入った僕は風雨の中、いつも通りに飛ばして、成迫を追い抜いていった。ゴール前で追い上げられたが、どうにか逃げ切って、日本選手権5連覇（49秒27）を達成。成迫と2人、ヘルシンキ世界選手権の代表に決まった。

6月末からはヨーロッパに行って、1ヵ月で7戦。48秒台はローマGL（48秒66、3位）一発で、あとは49秒台だったけど、プラハの試合では優勝している。プロ2年目のシーズンでやっと世界の潮流に乗れた感じがして、過密日程はきつかったが、おもしろかった。

その1ヵ月間、試合でつなぐだけで、練習らしい練習はほとんどしてないと思う。当時、僕のコンセプトは「高いスピードを維持しながら、ビュンビュン走る練習をやろう」ということだったので、スピードレベルが著しく落ちたり、疲労が出て動けなくなる練習はやめようと思っていた。シーズン期は走り込みをなくして、一つひとつの練習の質をすごく高くする。外国人選手、特にサンチェスがそんなふうにやっているように見えたから、それを日本式に応用してやり始めたのが04年あたり。ヨーロッパに行っている間は、レースそのものが質の高いポイント練習になった。

迷った挙げ句の最後の調整

7月26日にスウェーデンのストックホルムでレースに出て、そのままドイツのフランクフルトへ移動。日本の世界選手権代表組がやっていた合宿に合流した。ヨーロッパ遠征そのものの結果はいまひとつだったが、「現地で合流」というのが何となく格好良く思えて、そこでも世界の潮流を意識した。

ただ、アテネ五輪の翌年ということもあり、どことなく気が抜けて

■為末大 2005年の400mハードル成績（決勝レースのみ）

5／7	大阪ＧＰ	4位（日本人２位）	48.72
6／4	日本選手権	1位	49.27
6／27	プラハＧＰⅡ（チェコ）	1位	49.24
7／3	パドヴァ国際（イタリア）	1位	49.23
7／5	ローザンヌＳＧＰ（スイス）	3位	49.20（B組）
7／8	ローマＧＬ（イタリア）	3位	48.66
7／16	マドリードＳＧＰ（スペイン）	失格（レーン侵害）	
7／22	ロンドンＳＧＰ（英国）	5位	49.06
7／26	ストックホルムＳＧＰ（スウェーデン）	5位	49.67
8／9	世界選手権（フィンランド）	3位	48.10＝シーズンベスト

いたのも事実だ。一応「がんばろう」と思ってはいたものの「本当に勝負の年」という感じではなかった。調子は明らかに04年の方が良かったし、気持ちとしては「次の北京五輪に向けての1年目」というぐらいの位置づけだったと思う。

日本代表チームに合流してからは、身体に力が入らず、疲れているせいなのか、練習不足が原因なのか、自分でわからなかった。そこで山崎さん（一彦、福岡大教）や髙野さん（進、東海大教）らコーチングスタッフに相談し、世界選手権までの残る10日間で何をやったらいいかを聞いた。そこで決めたのが「とにかく一発刺激を入れて、あとは休もう」ということ。もうそうやって割り切るしかなかった。

力が入らないのが自分で気持ち悪かったから、まず100mを走りまくって身体をいじめ、その次の日に250m＋200mの練習をやった。それが予選の9日前。身体がどう変わるのかまったくわからなくて、その2日間はかなりの博打《ばくち》だった。

いつもの、4日前の300mハードルはすごく遅かった。たぶん過去最低に近い33秒7だったと思う。そのあたりで「今回の世界選手権はダメそうだな」と覚悟した。だけど、レースの1～2日前から「ちょっとマシになってきたかな」と思えるようになって、予選を通過し、準決勝も通って、決勝までの間にもう1段階良くなった。

本当にヘルシンキにいるうちに、体調がどんどん上がっていくのがわかった。それで、決勝では右ふくらはぎを肉離れし、次の日から全然走れなくて、そこでシーズン終了なんだけど、今考えても、

2005年8月に開催されたヘルシンキ世界選手権。男子400mハードルで順調に準決勝へ駒を進めた為末（右）は、前年のアテネ五輪を制しているサンチェス（ドミニカ共和国、左）、カーター（米国、中央）ら強豪に遅れをとって4着だったものの、〝プラス通過〟で決勝進出を果たした

よくメダルを取ったなと思う。何でそんな展開になったのか、自分でも理解しがたい。

4年ぶりのファイナリストに

ヘルシンキ世界選手権は8月6日に開幕し、男子400mハードルは初日に予選、2日目に準決勝、そして中1日おいて8月9日に決勝という日程だった。

予選は、まず2組に成迫が登場。緊張のせいかレース前にケイレンがきたそうだが、4着（49秒87）に入って予選通過を果たした。僕は最後の5組で、とりあえず通過することだけを考えて慎重に走った。49秒17で2着。全体では3番目の記録で、準決勝へコマを進めた。

準決勝は3組あって、決勝進出ラインは

2着プラス2の狭き門。成迫はその門を破れなかった。1組の僕は、48秒46で4着。ここに強豪が集まっていて、ジェームス・カーター（米国）の47秒78を筆頭に47秒台が2人。アテネ五輪金メダルのサンチェスが48秒24で3着に入った。

結局、プラス通過は1組から2人、サンチェスと僕に決まるのだが、残りの組が終わるまでゴール付近でドキドキしながら待っていた。48秒46というタイムは、前年のアテネ五輪の準決勝と同じで、「またダメかな」と弱気の虫がうごめく。3組目の3着の記録が「48秒64」と出た瞬間、安堵して一気に力が抜けたような気がした。

01年のエドモントン世界選手権で銅メダルを取った後、03年のパリ世界選手権も04年のアテネ五輪も決勝に残ろうとしてダメだったので、8番目の通過にせよ、決勝に残れたことがうれしかった。当時、記者の人たちに「くじ引きに当たったような気がします」とコメントしている。この大会は決勝に残ることしか考えていなかったので「まずはノルマ達成」と思って、決勝はおまけのような気持ちになった。「だったら、どうせ8番通過だし、何か仕掛けた方がいいよね」と、準決勝が終わってすぐに考え始めている。

選手村になっているホテルに帰ると、高平慎士（当時・順大、現・富士通）らが寄ってきて「決勝はメダル狙うんですか?」などと聞いてくる。僕は「そうだなあ」と言ってから、「嵐でも来て、雨風が強くなって、日本選手権のようになれば〝波乱〟が起こるかもしれないな」と、半ば冗談で答えた。

2005年夏のヘルシンキは過去に例がないほどの異常気象に見舞われ、世界選手権の最中は冷雨ばかり。男子400mハードル決勝の夜は雷雨となって競技が2時間近く中断したものの、為末はこの悪天候を味方にした

その日はまだ天気も悪くなかったし、内心では「良くて5番か6番かな」と思っていたので、何の根拠もない絵空事を話しただけだったのに、それが的中してしまうのだから、神様の仕業としか思えない。

決勝の前は、エドモントンの時と比べてずいぶん気が楽だった。朝原さん（宣治、大阪ガス）の奥さんも仕事でヘルシンキに来ていて、決勝の前日だか前々日だか忘れたけど、朝原夫妻と外で一緒に食事をした覚えがある。

本当に〝嵐〟が来たヘルシンキの夜

決勝当日、午後9時25分からのレースに合わせて、スタジアムに行くバスに乗った。白夜のヘルシンキはまだまだ明るいはずなのに、空が暗くなってきている。やがて雨粒がガラス窓にポツリ、ポツリと。そのうちにあたりは真っ黒い雲に覆われ、激しい雷雨になってしまった。高平たちに冗談で言った〝嵐〟が、本当に来た。

夕方からの競技は午後5時半に始まったばかりなのに、6時40分からの女子１００ｍハードル予選1組が終わったところで中断になった。僕がスタジアムに着いた時はバケツをひっくり返したような雨脚で、「これは絶対にウォーミングアップはできないでしょう」というひどさ。選手たちは地下通路のようなところに移動して、アップをする人はそこで動いていた。

僕もちょっとだけ身体を動かしたけど、「こんな状況なら何かのアナウンスがあるまでジッとしてよう」と思って、タオルを頭にかぶって寝転がっていた。サンチェスと「中止になるかな」というような話をした記憶がある。

そこへ男子２００ｍ２次予選に出るはずだった末續慎吾（ミズノ）が帰ってきて「延期になった」と言う。あたりに動揺が広がった。

４００ｍハードルの選手の中にも、ウォーミングアップを途中でやめたり、陣地を撤収して帰り支度を始める人もいた。

僕は、自分なりの勘で「決勝種目は延期にならないだろう」と思った。世界中にテレビの放映もしている。そして、確証はなかったけど、いきなり「今からやります」という展開にはならないだろうと思った。少なくとも、レースまで1時間半はとるだろう。「だったら、要《い》らんことはしない方がいい」と判断して、僕はただジッとしていた。

ジッとしながら、その頃「これは結構やれるんじゃないか」と僕の心は熱くなってきていた。すぐに「メダル」とは思わなかったけど、一発仕掛ける価値はあると思った。普通に考えたらチャンスはないが、荒れた天気で何かが起きる。「これは行ける」と思いながら「どうやって仕掛けようか」と思案を巡らせた。

確か決勝にパナマの選手がいたと思うのだけれど、彼はすごく不安そうにしていた。僕は「大丈夫だよ、力を出し切れば」とか言いながら、内心「こいつは終わったな」と思っていた。

準決勝の感じから察するに、バーション・ジャクソン（米国）とカーターは頭抜けていた。もう1人のメダル候補は、サンチェスかカーロン・クレメント（米国）。ただ、03年パリ世界選手権、04年アテネ五輪に連勝しているサンチェスはこの年、元気がなかった。仮に僕がメダルを取るとしたら、ターゲットはクレメントか……。

悪くなる一方の天気に「にんまり」

ちょうどヘルシンキ世界選手権が開かれた2005年の頃、日本陸連強化委員会のハードル部長を務めていたのが、400mハードルの先輩でもある山崎一彦さん（現・福岡大監督）だった。ヘルシンキでは為末の最も身近にいた人で、銅メダルを獲得した夜は、遅くまでビールを手に語り合ったという。

当初は「最高目標が8位入賞だった」と山崎さんは言う。レースの目安となる調整の300mハードル走は「前半に力が入っちゃって、動きも良くなかった」（山崎さん）。しかし、番組編成の運もあってか、予選、準決勝を無事に通過。決勝の日は「天気が悪くなればいいね」などと冗談を言い合っていたら、競技場に向かう頃、急に荒れ模様になり「バスの中でどんどん雨風がひどくなるのを見て、内心にんまりしていました」と明かす。

競技が中断している時は、情報が錯綜。地下通路でジッと寝転がっている為末を見て、山崎さんは「ちゃんとした情報が来たら教えてください。それまではソッとしておいて」ということだと判断し、お互いに慌てた素振りは一切とらなかったそうだ。「ここ一番の場面でこれまでの経験をすべて生かし、勝負師としての底力を見せた銅メダルです」と、山崎さんは為末のレースぶりを称える。

自分の中で、クレメントは日本選手権のライバルだった成迫に置き換えられた。はまるレースとそうでないレースの差が大きくて、競技が中断している間に一番キョロキョロしているのも観察済みだった。狙うには強過ぎる相手だが、「狙うならクレメント」と思ったのも事実だ。

そのうちに「競技再開」のプラカードを持った人が知らせにまわって、男子400mハードルの決勝は午後9時50分からになった。競技の中断時間は2時間に及んだが、間の予選種目などをスポッと抜いて延期にしたので、僕のレースの遅れは実質25分だけ。それがわかってからウォーミングアップを始めた。

準決勝を終えてから体調はさらに上がっていて、身体はほとんどできていたし、「余計なことをしないように」と思ってジッとしていたので、他の人が抱いたような疲労感はない。再び強く降りだした雨の中、僕は「何だか侍《さむらい》っぽいな」と思いながら意気揚々とトラックに出て行った。

雨中の戦略

決勝で、僕は7レーンに入った。これがインの2レーンとかだったら、その作戦は無理だったろう。本当に運が味方してくれたレースだった。

待機している間に考えた作戦は「前半で行く」。陸上競技は仕掛ける要素があまりなくて、「みんながあせること」というぐらいしか頭に浮かばなかった。最後にスルスルッと来て勝つようなレースは

降りしきる雨の中での決勝レース。7レーンに入った為末（左端）は前半から積極的に飛ばし、第4コーナーをトップで通過したが、最後の直線でジャクソン（左から3人目）、カーター（右端）ら米国勢の逆襲を受けた

米国勢2人にかわされた為末だが、〝ダイビング・フィニッシュ〟で3位確保を目指した

レース直後、電光掲示板の速報を祈るように見つめた

「DAI TAMESUE」の名前が3番目に表示され、為末の2大会ぶり2度目の銅メダル獲得が決まった

タイプ的に無理だし、こんな悪条件ではそんな作戦は厳しいだろうという気がした。とにかく最初に仕掛けて、全体がハイペースになればいい。スタートして1、2台目ぐらいまですっ飛んで行って、その後はサーッと流す。それだけを考えていた。

レースは1回フライングがあった。それさえも自分にすごく有利になった気がした。最初のレーン紹介の時か、フライングの後か忘れたけど、1レーンのクレメントの顔がパッと目に入った。その瞬間「あ、行ける」という気分になった。右脚ハムストリングスを故障していたサンチェスが、仕切り直しのスタートから1台目を越えてすぐに棄権したのは、ゴール後に知った。

作戦通り、目一杯飛ばした僕は、第4コーナーをまわるまでトップだった。しかし、そのまま逃げ切れるほど世界のレースは甘くない。9台目でジャクソンとカーターがやはり来た。もう1人の米国選手、クレメントも10台目で並んだように見えた。左手にチラッと影が見える。

ジャクソンとカーターが先に行って、僕はクレメントと3位争い。フィニッシュで頭を前に突っ込むと、耐えられなくなって前のめりになり、前傾したまま倒れて1回転。いわゆる〝ダイビング・フィニッシュ〟の態勢になってしまった。僕はトラックに倒れた状態で、結果の発表を待った。「クレメントの方が明らかに前にいた。僕は4番だ」と、その時は思っていた。

優勝がジャクソンで47秒30、2位がカーターで47秒43。ともに自己ベストだ。そこまでは電光掲示板にすぐ出た。しかし、その次がなかなか出ない。僕はコンタクトレンズが雨でかすみながらも、目を凝らすようにして電光掲示板を見上げていた。

雨天の激突となった2005年のヘルシンキ世界選手権で見事3位に食い込み、渾身のガッツポーズで喜んだ為末

しばらくして「DAI」と文字が浮かんだ。他に「DAI」なんていないはずだ。「えっ、自分が3番?」と思って驚いた。4位と思っていて「4番でも上出来じゃないか」と考えていたところなので、うれしさはひとしおだった。自分が思っていた順位と実際の順位が違ったというレースは、競技人生の中でもそんなにない。

タイムは48秒10で、エドモントン世界選手権の準決勝で出した記録と同じだった。自己セカンド記録ということになる。4位のクレメントとは、0秒08の差があった。

最初は「信じられない」という思いがあったが、2つ目の銅メダルを手に入れたことを実感すると一気に感情があふれ出て、立ち上がる時には天にこぶしを突き上げ、号泣していた。エドモントンの時と比べたら、いろいろなことを経ての銅メダルだ。プロになったり、父親の死も……。そういうのを全部ひっくるめて〝報われた感〟があった。

全部が報われる瞬間、というのがアスリートには時にあるけれど、その時はそういう感じだった。「ビックリ」とか「まさか」という気持ちも、もちろんあった。だが、それ以上に「良かったなあ」という報われた気持ちが強かった。

ピタリとはまった作戦

しかし、これほど自分で考えた作戦がピタリとはまったのは、なぜだろう。「金メダルを狙います」

2度目の表彰台に上がった為末（右）。中央が優勝したジャクソン、左が2位のカーター

1970年代後半から80年代後半にかけて2度の五輪と2度の世界選手権を含めて決勝レース107連勝と大活躍した〝ヨンパーの神様〟エドウィン・モーゼス氏（米国）が表彰プレゼンターを務め、控え室でツーショット撮影をしてもらった為末

ではダメだったと思うし、「4～5番を狙います」でもダメだったと思う。具体的に3番を狙って「自分が銅メダルを取るにはどういう状況だろう」と考えた。

準決勝のタイムを見たら、３番以降はどうなるかまったく読めないほどの混戦模様だった。どの順位もあり得ると思った。３番があり得るならまず3番を取りに行って、下まで行っても8番だろう、と。途中で転んでもゴールさえすれば「8位」になれるのだから、ある意味他の選手より仕掛けやすかった。

スタートから1～2台目までは、おそらく競技人生で一番速いと思う。いろいろ策を考えたけど、あまり策におぼれてもいけないと思ったし、自分のスタイルを貫くのが一番いいと判断した。これが準決勝を４番目の記録で通過していたら、そんなやり方はしなかった。８番目で通過しているから「何をやっても、やらなくても8番だ」という気持ちになれた。

他の選手は雨が止むのか止まないのか、競技が再開されるのか延期になるのか、に気を取られていた。僕はそれを冷静に観察していた。

具体的にはクレメントが視線の先にいて、「彼が一番やってほしくないことは何だろう」とずっと考えた。

クレメントは〝仮想・成迫〟だった。成迫をどうやって失敗させるか。僕の分析だと、成迫は足のリズムを自分で保てなくなった途端にパニックになる気がした。外のペースに合わせることが極端に苦手なタイプで、先行されるとかシュッと抜かれるのをすごく嫌がるイメージがあった。そこから、クレメントにも「アレッ」と思う瞬間を作りたい、という発想になった。

この頃、成迫は僕にとって脅威になっていて、何年かしたらやられると覚悟していた。成迫がひとり旅になって、自分でペースを作った時は、ものすごく速い。じゃあ、どうやってそうさせないか。あるタイミングでシュッと前に出るとかして、リズムを崩さないといけないなと思っていた。

400mハードルはみんな13歩か14歩のインターバルを刻むので、足音が一緒になりやすいし、つられやすい。僕も山崎さんが全盛期の頃、第2コーナーから第3コーナーのあたりで内側からシュッと来られて、何度も失敗した。クレメントに勝つには、そういう瞬間でもないと無理だなあと思ったのだが、彼とレーンが離れていたので、全体のペースを上げようと思って1台目まで突っ込む作戦に出た。

その夜、ドーピング検査などを受けてかなり遅い時

記念のナンバーカードは「545」

2004年のアテネ五輪から日本代表チームの仲間入りを果たした、男子短距離の高平慎士(富士通)。05年のヘルシンキ世界選手権はまだ順大の学生だった。選手村のホテルでは男子110mハードルの内藤真人(ミズノ)と相部屋で、内藤が同じ法大卒という関係で為末はよく部屋に出入りしていた。

為末が決勝進出を決めた後、高平は「メダルを取りに行きますか?」と聞いてみた。そうしたら、為末の返事が「そうだなあ。嵐が来て雨風が強くなれば、波乱が起こるかもしれないな」。男子200mの1次予選で落ちた高平は為末の決勝の日、ホテルに残ってテレビ観戦だったが「為末さんが言ったことが本当に起こっちゃったので、ビックリするやら、うれしいやら、でした」と振り返る。

その晩、為末はユニフォーム姿のまま、ハイテンションでホテルに帰ってきた。みんなで部屋に集まってワイワイやっているうちに、為末がユニフォームのナンバーカードを何気なくはずした。フィニッシュして転んだ時に破れたのか、そこには戦いの跡が……。

そのままナンバーカードを置いて為末は部屋を去ったので、高平は「いつか記念になるかな」と1枚拝借。「545」の数字が刻まれた思い出の品は、今でも大事に保管してあるという。

間にホテルに帰ると、みんなが喜んで迎えてくれた。表彰式は翌日だったと思う。

実はその頃、僕は右脚ふくらはぎを肉離れしていた。アップの時から「何かひっかかるな」と思っていたんだけれど、もちろん走っている時にはわからなかった。ゴールして、ちょっとした坂を上がる時にグイッと脚を出すと、右のふくらはぎがチクチク痛かった。あとでトレーナーに脚をさわってもらったら「肉離れ」という診断。たぶん、６台目で右脚を出す時にやったんだと思う。

翌々日だったか、棒高跳の澤野大地（当時・ニシ・スポーツ、現・富士通）に「練習行きましょう」と誘われて、軽く流しをしようと思ったら、脚が痛くて全然走れない。05年の僕のシーズンは、そこで終わった。

完成に近づいた練習メニュー

自分がやってきた練習メニューが、一つのかたちとして完成に近づいたのが04～05年あたりではないだろうか。故障との戦いになった09年以降は、ほとんど苦し紛れにやる練習が多くなった。

簡単に言えば、冬季は動きづくりの繰り返し。「鍛える」がコンセプトだった。シーズンに入ったら４５０ｍとか２５０ｍとか、タイムトライアル系の練習をバンバン採り入れた。スピード感としては、60～70％か95％以上の走り。２００ｍだったら24～25秒の走りか、21秒5を切っていくか。

ヨーロッパに行って試合が続く時は、２００ｍをゆっくり走ったり、１００ｍの流しをサーッと10

本ぐらいやったり。この流しの繰り返しが、動きの正確さなどに結構効いた気がする。ウエイトトレーニングもスクワット、クリーン、スナッチ、あとは懸垂。他に複雑なものを少し入れた。

たとえば、1週間の練習メニューを挙げてみる。まず、冬季から。

■冬季練習メニュー例

月）スプリント・サーキット×5セット
元気のある時は、午前中に100mの流しを20本ぐらいやった。
火）クロスカントリー　30分
サーキットトレーニング×3セット
水）600m×6本
ゆっくりめに1分20〜30秒の設定で、リカバリーは5〜10分。
木）100m流し×20本
金）スプリント・サーキット×5セット
土）150mのウエーブ走など
これは180mなら3本、150mなら4本、120mなら10本ぐらい。180mだったら60m、60m、60mに分けて、間はミニハードルを置いたり、スキップしたり、いろんな動きをする。再加速の時の感じが自分の中ではすごく良くて、この練習は相当効いた。あとは、土曜日に砂浜に行ったり、スレッド（抵抗走用の重り）を50mぐらい引っ張る練習もあった。

日）レスト

シーズン期はもっと簡潔で、何パターンかしかなかった。

■シーズン期練習メニュー例

月）スタートダッシュ30m×5、50m×2

その後に100mか150mか200mを1本走る。

火）350m×2

これは「元気だったら」という注釈付きで、タイムトライアル。結構なタイムでやっていた。

水）予備日orウエイト

木）レスト

金）スタートダッシュ30m×5　50m×2

その後に、100mか150mか200m。これも、100mはタッチダウンの計測で10秒3〜4では走っている。

土）450m、350m、250mなど

100mの流しを適宜入れる。

日）レスト

ウエイトトレーニングは週に2回ぐらい、練習の後に入れた。08年までほとんどこの繰り返しだったが、身体がもたなくなって、09年からは全然違うやり方になる。

陸上競技の〝私的〟広報マン

ヘルシンキ世界選手権は2度目の銅メダル獲得だったけど、帰国後の盛り上がりはエドモントン世界選手権の時より小さかった。新聞の記事も半分ぐらいだったと思う。

自分も冷静だったから、これを機に陸上競技の普及のためにいろんなことをやりたいと思って、こちらから仕掛けを考えた。世間にインパクトを与えるには、こういう機会しかないとエドモントンの時に感じて「今度メダルを取ったら絶対にこっちから仕掛けよう」と、ずっと考えていた。私的な広報マン活動だ。

まず、自分がメディアに出て行くことと、ストリート陸上などで競技のおもしろさを生でアピールすること。雑誌や新聞、テレビの対談などでスポーツ界だけでなく財界、芸能界など多くのジャンルの人に会うことができた。それでいろんなことを吸収していって、ちょっとずつ陸上以外のことに興味を持ち、発言も目立つようになる時期だと思う。ヘルシンキから帰国後はケガで試合に出られなかったので、冬季練習に入るまで、ずっと〝広報活動〟に力を注いだ。

もう1つ、やろうとしたことがある。400mが専門だった髙野さんは現役の時、この年は100m、次の年は200mと専念する種目を変え、もう1回400mを作り直す、という試みをした。それを僕も真似して、ハードルを跳ぶことを封印する年を作ろうと思った。これはずっと前から構想にあったのだが、なかなかできずにいて「よし、今しかない」と思ったのが06年。ヘルシンキ世界選手

2005年の秋、母校・法政大学の主催で盛大に行われた「世界選手権銅メダル獲得祝賀会」での鏡開きシーン。
左から日本陸連副会長兼専務理事（当時）の櫻井孝次氏、日本学連副会長（当時）の深川長郎氏、為末、法政大学名誉教授・陸上競技部総監督の丸山吉五郎氏、法政大学総長（当時）の平林千牧氏

祝賀会には日本陸連名誉会長（当時）の青木半治氏も出席し、為末の偉大な功績を称えた

為末にとって2001年エドモントン大会に続く世界選手権のメダルだったが、苦労を重ねて獲得したヘルシンキ大会の銅メダルには格別の喜びがあった

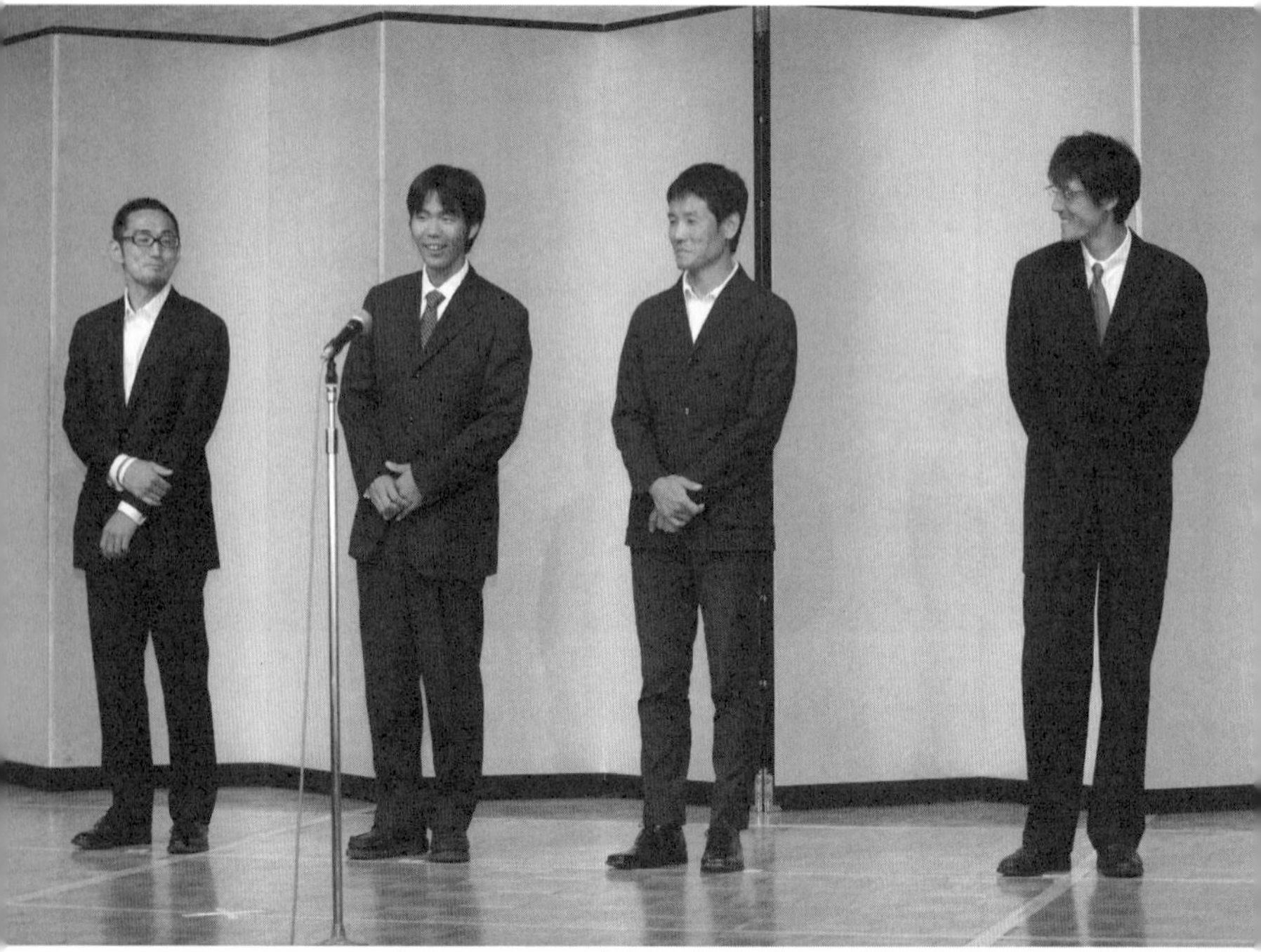
ヘルシンキ世界選手権1ヵ月後のスーパー陸上の前夜祭で、1990年代に400mハードルで日本記録を樹立した3人の先輩たちとステージに立った為末（左端）。右へ齋藤嘉彦さん、山崎一彦さん、苅部俊二さん

権の後、「来年は世界選手権もオリンピックもないし、ちょうどいい」と判断した。

短距離を専門にやってスプリントを磨き、新しい400mハードルに移行する。それまでは13歩のインターバルで5台目まで行って、14歩を2回入れてから最後は15歩を3回。これを、14歩の区間をあと2回増やせれば、全体で2歩減って、計算では47秒5ぐらいになると思った。

当時、200mは21秒3～4だったので、スピード感でいうとやはりピッチとストライドに限界がある。しかし、20秒6～7で200mを走れるようになれば、ストライドがあと数センチ延びて、歩数の変更も可能になると考えた。47秒5まで行けば、金メダルが転がり込んでくる可能性もある。僕はそれをやりたいと思った。

結局、そのアプローチは失敗した。06年はハードルを跳ばなかったんだけど、２００ｍが20秒9あたりで止まってしまって、机上の計算通りにはいかなかった。

あと06年は、国内の小さなレースにどんどん出て行った。たとえば僕が広島県の大会に出ようとした場合、どういう試合があって、どんな種目をやるか、ある程度は情報を得ることができる。では、違う県の場合はどうか。今はインターネットですぐに調べられるだろうが、当時はトップ選手がその情報を得るのは意外と大変で、そのあたりのシステムがどうなっているのかを知りたくて、試合を探してあちこちに行った。

「陸上競技をメジャーに」という思い

サニーサイドアップといういろんな競技の選手をマネジメントする会社でお世話になっていたので、その頃、プロ野球の陰りとサッカーの隆盛を肌で感じていた。水泳が人気種目になりそうなことも、ひしひしと感じた。その中で「陸上競技は大丈夫」と、どうしても思えなかった。

今考えたら、引退してからでも良かったのかなと思う。でも、当時は「現役選手の誰かがやらないと」と切羽詰まった思いでいて、陸上競技がメジャーになるかならないかは自分たちの手にかかって

2度目のメダル獲得後、為末は「陸上競技をもっとメジャーにしたい」という気持ちでさまざまな広報・普及活動をした

いると思っていた。

スポーツがメジャーになるのは、競技成績だけが要因ではない。それももちろん大事だけれど、プロになってから強くても人気が出ない選手をいっぱい見てきたので、それだけではないことはわかっていた。試合の結果さえ良ければ世の中がついてくる、と思うのはあまりにも一面的過ぎる。

もう少し前の時期は「引退したら髙野さんのような指導者になれたらいいな」と思っていたが、04〜05年あたりからちょっとずつ変わってきて、一時期「政治家になりたい」と思ったことがある。朝原さんたちには、そんなことを何度か話している。

社会の仕組みを変えるには政治家じゃないとダメなんだ、と思ったことが大きい。しかし、1度選挙活動を見に行って「これは無理だ」と断念した。とても理想論で突き進める世界ではないと思ったし、僕は陸上の現場に関わりたいんだと改めて思い知った。

DAI STORY

第8章

「超然期」

金メダル獲得へ最後の挑戦

ハードルを跳ばなかった2006年

ヘルシンキ世界選手権で銅メダルを取った翌年、2006年は結局1度もハードルを跳ばなかった。試合にはたくさん出ているが、100m、200m、400mなどのフラットレースだけで、専門の400mハードルは封印した。

実際、06年は調子が良かった。5月末の東京選手権は200mに出て20秒97（+0.5）、6月初めの山梨グランプリは100mで10秒49（+1.3）と、ともに自己ベストを出している。途中、日本選手権でケガをしてしまったので、それ以上は記録が伸びなかったが、きちんとシーズンを送っていればもう少し伸びた可能性がある。

考えてみれば、100mも200mもそれが生涯ベストになってしまった。400mは、高校3年の時に出した45秒94を破れずに現役を終えた。この年、日本選手権は400mに出て、予選を1本走ったものの、その後に右脚ハムストリングスの下の方が捻れたように痛んで、準決勝は途中で棄権した。そのケガさえなければ、高校時代の記録を更新できたと思う。練習のタイムとかを見ても、この年はやっぱり速かった。

となると、なんで400mハードルをやらなかったのか、という話になるけど、自分なりのリスク・リターンの考えにつながる。たぶんこの年に400mハードルをやっていたら、2001年のエドモントン世界選手権で出した47秒89を上回る日本新記録が出ていたかもしれない。

2006年は〝ハードルを跳ばないシーズン〟としてフラットレースに専念した為末。5月末の東京選手権（写真）では200mで20秒97（＋0.5）、6月初めの山梨グランプリは100mで10秒49（＋1.3）と相次いで自己ベストをマークした

自分の調子の波を振り返って、そのパターンを分析すると、ずっと調子が良いということはあり得ない。選手は誰しもそうだろうが、僕の場合はその波幅が大きい。この後、07年には大阪世界選手権、08年には北京五輪と、はずせない世界大会が控えており、どこかの時点で、わざとでもその波を揺らさないといけないという気がして「じゃあ、2006年はハードルには出ないでおこう」という結論に達した。

すべては07年と08年のため。400mハードルのピークをそこに合わせたい。06年は「そのための1年」だと思っていた。05年にメダルを取ったので、06年にいったん調子の波を落とし、07年、08年にドーンと上げる。でも、実際は思惑とまったく逆の波形になってしまって、都合良くバイオリズムを作るのはむずかしいと思った。

今考えると、06年は「試合に出ない」という手もあったかなと思う。もっと言えば「練習もしない」という選択。06年は結構スピード練習をやっていて、量も多かった気がする。すべて結果論だけど、ただ1つ言えることは「本気で金メダルを取ろうとしていた」ということ。07年の大阪でもいい、08年の北京でもいい。僕のターゲットは「世界チャンピオン」の称号に集中していた。

金メダルへの秘策

自分の中で「もう銅メダルではつまらない」と思ったのは確かだ。ヘルシンキ世界選手権のタイムが48秒10だったんだけど、ものすごくうまく行って48秒10という感じではなかった。「もっとうまく走れば47秒7〜8は行く」というのが実感で、さらに47秒5〜6まで記録を上げられれば金メダルも夢ではないと思えた。「金メダル候補」と言われる人だって、何かアクシデントに見舞われるかもしれない。「それに賭けてみるのもありだなあ」と、そのころは真剣に思った。

ただ、具体的にどうやればいいかが見えてこない。僕と同じようにかつて銅メダルを取った人がいて「金メダルを狙うにはなぁ……」と話してくれる先輩がいれば良かったけど、それもできない。自分の頭で考えると、今までやってきたレースパターンをちょっと速くするというのは、現実的ではない気がした。

35ｍ間隔で10台のハードルが設置されている４００ｍハードルは、自ずと歩数が決まってくる。それまでの僕のレースパターンは、５台目のハードルまで13歩のインターバルで走り、14歩を２回入れて、残りは15歩。タイムを縮めるには、ピッチを上げるか、歩数を減らすかだ。

僕の場合はピッチを上げるより、歩数を減らす方が現実的な気がした。どうせ行くなら徹底的にオーバーストライドにして、５台目まで13歩は変わらないけど、14歩を４回にして、15歩は最後の１回にする。これで２歩減らせる計算になる。ヘルシンキ世界選手権のレースは、最後のあたりで歩幅をかなり刻んでいるので、もうちょっとがんばればその歩数でも行けると踏んでいた。

〝ヨンパーの神様〟と言われたエドウィン・モーゼス（米国）が、そんな走りだった。レース中、ずっとおおらかにストライドを伸ばしながら、ゴールまで行ってしまう。僕もそうやって47秒５ぐらい

2007年の大阪世界選手権を翌年に控えたシーズンオフ、月刊陸上競技の企画で「日本の陸上界を盛り上げるよう！」と語り合った4選手。左から末續慎吾（ミズノ）、池田久美子（当時・スズキ、現姓・井村）、為末、澤野大地（当時・ニシ・スポーツ、現・富士通）

が出たら「もしかして……」と、金メダルが脳裏をかすめたりした。07年でもいい、08年でもいい。2回のうち、どっちかでそれがはまればいい。その結果が銀でも銅でもいいや、という気持ちだった。

ヘルシンキ世界選手権の銅メダルがなかったら「もう1回銅メダルを」という狙い方をしたと思う。エドモントン世界選手権で初めて銅メダルを取って「さあ、次は銀か金か」と思った時に、ひるんだというか、前に突き進めなかった後悔がある。リスクを取ってプロになる。レースパターンも、もう一段階上のことにチャレンジする。そういうことをやろうとしなかった悔い……。

そうこうしているうちにスランプに陥って、タイミングを逸したという気持ちがずっとあったから、もう1回同じようなチャンスが来たら、今度は自分から仕掛けようと思っていた。だからこそ社会的なことで仕掛けようとしたし、陸上人気も高めようとした。金メダルを取るということに向けても、とことんがんばろうと思った。

たった1度きりのレースパターン

いよいよ日本で開かれる世界選手権の年が明けて、僕ら選手たちも「大阪・長居競技場を観客でいっぱいにしよう」と、盛り上げ役を買って出た。1991年に東京・国立競技場で開かれた世界選手権が大いに盛り上がったと聞いている我々とすれば「もう1回その大波を引き寄せられる」と確信していた。男子短距離に末續慎吾（ミズノ）がいたし、棒高跳には澤野大地（当時・ニシ・スポーツ、現・富士通）がいた。女子では走幅跳のイケクミ（池田久美子、当時・スズキ／現姓・井村）が7mに挑戦していた。スター候補はそろっていた。

僕が05年のヘルシンキ世界選手権以来、1年9ヵ月ぶりに400mハードルのレースに出たのが、07年5月の大阪グランプリ大会だった。夏の世界選手権と同じ会場で行われるその大会には多くのメダリストが集まって、400mハードルはヘルシンキ世界選手権のメダリストがそろい踏み。金のバーション・ジャクソン、銀のジェームズ・カーター（ともに米国）と僕。そこに割って入ろうと目論んでいたのが、成迫健児（当時・ミズノ）だった。

このレースはものすごく緊張したのを覚えているが、レース自体はとても良かった。上位の順番はヘルシンキと同じで、僕は3位（48秒73）だったんだけど、300mの通過が速かった。47秒台をマ

2007年6月下旬の日本選手権（大阪）では為末（右）と成迫がデッドヒートを繰り広げ、48秒87の為末が49秒01の成迫を抑えた

ークしたレースと同じようなものだったと思う。最後は足が詰まって「これなら本当に歩数を減らせるかもしれない」と思った。

それからいろいろと試しながら練習をして、実際に14歩を4回入れたインターバルでレースをしたのが、日本選手権の予選だった。タイムは49秒76にとどまったものの、感触は予想以上に良かった。ものにできれば〝爆発〟できる感じがした。

しかし、そのレースパターンで走ったのは、人生でそれ1回きり。翌日の決勝はバックストレートに向かい風が吹いていて、とっさの判断で元のインターバルに戻した。「あれが完成していたらなあ」と、今でも時々思う。というより、そもそもむずかしいアイデアだったのだろうか。自分で結論は出ていない。

07年の日本選手権の決勝は、前年のアジア大会で優勝している成迫が勝つ気満々だったはずなのに、僕が48秒87で先着した。成迫は49秒01。決勝でも、予選で試した新しいレースパターンで行くつもりだったけど、歩数を変える5台目あたりで瞬時に「やめよう」と決断した。これが勝負を分けたのかもしれない。新しいパターンで行ったら、最後でつぶれて負けていた可能性もある。ただ「そのレースパターンを完成に近づけて世界選手権に臨みたかった」という思いもあり、複雑な心境だった。その後はケガもあって、二度と試せない〝幻のレースパターン〟になってしまった。

コーチとしての自分が「イヤな予感」

07年は日本選手権の後に、台湾の試合に出場したが、そのあたりからすごく調子が悪くなったのを覚えている。崩れ方がひどかった。

台湾から帰国後の練習タイムは、明らかに悪い。右脚のハムストリングスの下に違和感があって、すごく引っかかる感じがしていた。もしかしたら歩幅を伸ばし過ぎて、すんなり脚を出せずに、ちょっと捻るような動作を入れないと、14歩を4回というインターバルで行けなかったのかもしれない。その変な癖がついてしまって、痛みが出てきたか。新しいレースパターンを想定して、練習でもものすごく大きなストライドで走っていた。

「これはまずいな」と思った。自分で自分をコーチしているから、かなりの予測がつく。しかも正確に。「行っても準決勝までだな」と、コーチの自分がささやいて、イヤな予感が常につきまとった。

ホスト国のエースとして期待された2007年夏の大阪世界選手権だが、為末（左から2人目）はゴール手前で失速してまさかの予選敗退。2年前のヘルシンキ大会で為末に競り負けて4位に終わったクレメント（米国、右端）が、この大阪大会で金メダルを獲得した

持てる力をまったく発揮できなかった無念さから、レース後はトラックに寝そべって天を仰いだ

僕の身体を知り尽くしているので、コーチとしては優秀だったと思う。練習タイムを見て「これだったらレースはこのあたり」という予測は立つ。「練習がこのタイムだから、レースは49秒0から49秒5の間かな」と、シビアに計算ができた。それがまた、見事に当たっていった。

大阪世界選手権は、初日の男子400mハードル予選を1本走っただけで、僕の出番は終わった。準決勝進出に、あと100分の1秒足りなかった。予選3組で6着（49秒67）。僕の前でゴールした2人がプラスで拾われたのだが、ゴール直前まで僕の方が前にいた。本当に胸の差で阻まれた準決勝進出。「イヤな予感」は的中した。

ホスト国としての敗北感

陸上人気を高めよう、スタンドをお客さんでいっぱいにしよう、とだいぶ前から意識して活動してきた選手たちだったが、大阪世界選手権はその中心になるべき人たちが総じて振るわなかった。末續の200mは2次予選落ち、澤野は記録なし。イケクミも予選で敗退した。「あれは何だったんだろう」と、今でも時々考える。

「練習だけに専念すれば良かった」という見方をする人もいた。僕はテレビのクイズ番組で得た賞金1000万円を使って、東京駅の近くで「ストリート陸上」をやったりしたが、計画の段階ではあまり受け入れてもらえなかった。実際に開催に漕ぎつけ、テレビで大きく放映されたのを見て「よくやった」とお褒《ほ》めの言葉をもらったものの、「なんでそんなことを現役の選手がやるんだ」と思っている人はいたと思う。

僕らは、大会を盛り上げる側に立ったことで練習をおろそかにしたことはないし、実際問題、それに取られた時間はわずかなものだ。「慣れないことをやった」という点では、多少の影響はあったのかもしれない。とはいえ地元の大会はどうせプレッシャーがかかるわけで、盛り上げようが盛り上げまいが、僕は競技の結果とそんなに関係ない気がした。

当時は「自分が走ることで陸上人気が広まるんだ」ということが1つのモチベーションでもあった。大会がどうやって成り立っているか仕組みもよく知らず、純粋にそう思っていたから、結果が出ずに傷ついた選手がいたことも確かだ。僕のように図々しければ「しょうがないか」と思えるけど、他の仲間たちは気の毒だった。

もし次に僕らのような熱い思いを抱く選手が出てきたら、別の汲《く》み取りようはあると思う。「そんなのやめて、競技に集中した方がいいよ」と言うのではなく、「思いはわかった。じゃあ、ここところにくさびを打てば効果的だから、これとこれをやろう」というようなアドバイスはできる。PRという面から見れば、どこでどうやったらマスメディアが取り上げてくれるか、少しは参考意見を言える。

ストリート陸上も、欧米では比較的やりやすいが、日本では道路の使用許可や警備などの問題でとても大変になる。そのロジック（論法）は、わからなくはない。

2007年5月下旬、クイズ番組で獲得した1000万円の賞金を資金として東京・丸の内のオフィス街で「ストリート陸上」を企画。〝日本陸上界の宣伝部長〟を自称した為末は、同年夏の大阪世界選手権に向けて陸上を世間にアピールしようと務めた

都心のビルの谷間で行う「ストリート陸上」は異空間のイベントとして大いに注目を集めた

オリンピック・イヤーの春先に故障

07年の敗因は、結局のところ「リスクの取り過ぎ」ということになるのだろうか。脚の痛みから崩れて、力が出せなくなったのが大きい。しかし、そのリスクを取らなかったら外国のトップ選手に絶対勝てないと思った。14歩を4回のレースパターンは、絶好調の時にやれば47秒5〜6が出ていたはずだ。世界大会の決勝レースとか、僕の身体はいつもそれができそうな雰囲気になっていた。といっても、いきなり本番でやるわけにはいかないので事前に試したのだが、試すだけで終わってしまった。大阪世界選手権の予選落ちは相当落ち込んだけど、シドニー五輪の時とは違っていた。少し練習を休んでいる間に「やるしかないよね」という気持ちになってきて、北京五輪に向け「もう1回行くぞ」と切り替えた。

当時、僕は08年の北京五輪で引退すると思っていたから、ぐずぐずと落ち込んでる場合ではなかった。反省点もいろいろあって、インターバル14歩を4回というレースパターンは可能性として残すけど、元に戻す方向でほぼ固まっていた。金メダルを狙って歩数を減らすというアイデアを実行に移したのは、ほんの数ヵ月間。失敗したけれど、いい夢を見させてもらったと思っている。

07年のオフは早めに冬季トレーニングに入って、翌年に向けての練習を再開したが、しばらく調子は上向かなかった。ずっと「ダメだ、ダメだ」と思いながらオリンピック・イヤーを迎え、08年の3月にオーストラリアで合宿。そのあたりから、少しずつ「いいかな」と思えるようになった。

2008年3月、陸連ハードルブロック石垣島合宿に参加していい仕上がりを実感した為末（左端）だが、練習後に左ふくらはぎを痛めて五輪イヤーに暗雲が垂れ込めた

その後、沖縄の石垣島で日本陸連のハードルブロック合宿が行われた。僕も参加させてもらって、後輩たちと一緒に練習すると、一気に調子が上がってきた。06年の頃の感じが戻ってきて、250m走のタイムは最速だったと思う。すごいスピードで走れていた。

1週間の陸連合宿が終了し、他の選手たちは帰ったのだが、僕は数日残って練習を継続することにした。その2日目に450m走。それも思った通りの走りができて「よし、これで石垣島の合宿は終了」と思い、宿舎に歩いて戻る時の何気ない階段で、左脚のふくらはぎが「ズキッ」と痛んだ。これまでは走っている最中のケガだったのに、この時は日常生活の出来事。当初は「すぐに治るだろう」と高を括っていたが、これがくせ者だった。

東京・北区にあるＪＩＳＳ（国立スポーツ科

学センター）に行ってＭＲＩ（磁気共鳴画像化装置）で撮影しても、痛みの原因がよくわからない。ともかく超音波を当てる治療などで痛みを和らげ、３週間ほど経った4月下旬にようやく走りを再開すると、今度は逆の右脚ふくらはぎを痛めてしまった。左脚の時と似ていて「ビシッ」という鈍い音がしたのを覚えている。

すでにシーズンは始まっており、僕はエントリーしていた出雲陸上、織田記念、静岡国際、そして大阪グランプリと4月から5月にかけての大会を次々にキャンセルした。最初に左脚を痛めた時から、すでに6～7週間が経つ。さすがに「これはまずいな」と追い込まれた境地になった。

いきなり日本選手権というのも不安が大きいので、僕はじんじんと痛む脚を引きずりながら2～3日練習して、6月14日の福岡大での記録会に出ることにした。日本選手権のわずか11日前だ。山崎一彦さん（現・福岡大監督）が当時の日本陸連強化委員会ハードル部長だったので、いろいろと配慮していただいた。本当は内緒で走ろうと思ったのに、どこかから「為末がレースに出る」という話が洩れて、大勢の報道陣が集まってしまった。

この時のタイムが51秒28と、とてつもなく遅い。いつも通り前半を飛ばしたら中盤までに力尽き、最後はまったく動かず。マスコミは「為末、危うし」と一斉に報じたけれど、それはそうだろう。自分でも「本当にまずいな」と思って、瀬戸際に立たされた気分だった。

しかし、痛みが出ずに４００ｍハードルを走り切れたことだけは収穫だった。相変わらずＪＩＳＳに通い、隣にあるＮＴＣ（ナショナルトレーニングセンター）の陸上競技場で日本選手権の７日前に

450m走を1本。高平（慎士、富士通）にタイムを計ってもらったのを覚えている。その走りが、やっとまとまった。自分の中では、ちょっとだけ希望を持てる内容の走りになった。

起死回生の日本選手権V

もはや400mハードルのエースは成迫で、日本選手権も彼の優勝はほぼ確実だと思われた。北京五輪の選考会だった08年の日本選手権は、川崎市の等々力競技場で行われた。僕はオリンピック参加のための標準記録A（49秒20）を前年に突破していたので、成迫に次いで「2番狙い」というのが現実的な目標になった。3番でもいいかなと思ったけれど、オリンピックに3人フルエントリーしてくれるかどうかはわからない。「まずは2番を狙おう」と思った。

故障を抱える僕とすれば、予選の1着取りというのもなかなか厳しい。4組1着＋4というのが予選の通過ラインで、準決勝がない。「予選で落ちるかな」という不安も頭をかすめた。しかし、2組の1着で予選を通過。ただしタイムは50秒87で、決勝進出の8人のうち一番悪い記録だった。

翌日の決勝は、成迫が3レーンに入って、僕はアウトの7レーン。ヘルシンキ世界選手権の時も7レーンで、決勝には8番目の記録で進んだことを思い出した。

どうせ2番狙いだから、ゆっくり行けばいい。と思いながらスタートを切ったら、いつものように勢い良く出てしまった。瞬間的にだけど、2番狙いで行くこと自体が危ない気がして「いつも通りに

北京五輪最終選考会となった2008年6月下旬の日本選手権。故障明けのまま不安を抱えて臨んだ為末だったが、執念の優勝を果たした

行こう」と思考が反転したのかもしれない。そのまま飛ばして行っても、どこかで成迫が追いついてくるはずだが「来ない」「来ない」とずっと思っていた。

チラッと左手に見えたのが、ゴール直前。が、成迫にラストの勢いはなかった。僕が逃げ切って、49秒17で優勝。その年初めて標準記録Aを突破して、３大会連続の五輪代表に決定。49秒47で２位の成迫も、初の五輪代表に決まった。

本当に信じられないような優勝だった。誰が僕の優勝を予想しただろう。成迫もアキレス腱を痛めていたようだが、その場で僕に引導を渡すようなレースをしてもおかしくなかった。

なぜ勝てたのか？　選手は瀬戸際に追い込まれた時に「もう自分にできることをやるしかない」という心理状態に入るのだけど、そこにうまく入れるかどうかで結果が違ってくると思う。

自分で自分を信じる

人は誰しも苦しいことから逃げたいと思う。選手も実は逃げるというか、あきらめられる時がある。あきらめるといっても試合をあきらめるのではなくて、心理的に「あきらめ」のゾーンに入ることを指す。もちろん、ポーズの上ではあきらめてない。しかし、深層心理では「あきらめてる」というのはよくある話で、僕も口では「狙います」と言ってるのに、内心は苦しいのであきらめてるレースがあった。ただ、08年の春は「絶対にそのゾーンに入ってはダメだ」と思っていた。

証拠がないものを信じるのは、結構苦しいことだ。実際の練習では「これ、絶対にダメだよね」というタイムが出てしまう。それでも「何とかなるかもしれない」と思い、「最後の最後までベストを尽くそう」という心理。

「自分で自分を信じる」という話だと思う。自分で自分のコーチをやっているから、毎日信じるに足らない結果が出てくる。そう思いつつ「何かが起きるかもしれない」と、故障しているところにアイシングを施し、ベストを尽くそうとやっていく。その心の糸を切らさずに、ずっとやれるかどうか。

この時は「負けたら何て言われるだろうか」というような、人目からも全部吹っ切れた。日本選手権の3週間前ぐらい

〝ここ一番〟の強さにやられっぱなし

「為末さんには競り勝った覚えがないです」と苦笑交じりに話すのが、筑波大からミズノに入り、男子400mハードルで為末の後継者と期待された成迫健児。2013年4月から郷里の大分に戻って公務員（佐伯市職員）になっている。大学2年だった2004年、アテネ五輪の選考会だった日本選手権で成迫は初めて決勝に残った。直前の関東インカレでオリンピックの参加B標準記録を突破し「あわよくばアテネへ」と目論んでいた成迫だが、1つ内側のレーンにいた為末に「150mも行かないうちにサーッと抜かれた」という。その瞬間「自分で力が抜けるのがわかった」そうで、結果は4位。「あんなに前半で切り込まれることはなかったので、あれがトラウマみたいになって、その後何回も同じように為末さんにやられました」と振り返る。

2008年の北京五輪の年も、為末が故障しているのはわかっていた。日本選手権前のある日、NTCで為末に「成迫、膝をさわってごらん」と言われ、恐る恐るさわると「ギーギー音がしていた」という。自分もアキレス腱の故障を抱えていたが、それでも「僕の方が練習はできている」と思い、日本選手権は「勝つのが当然」と周囲の人からも思われていた。

ところが、またも勝てず。成迫は「『なんで〝ここ一番〟で負けるんだ』と自分でも思ったし、人にも言われました」と笑う。いくら為末がリスクを背負っていても「怖さはあった」というのだから、ずっとその脅威を肌で感じていたのだろう。「自分の力だけでなく〝ここ一番〟でプラスアルファを出せるのは、為末さんが持って生まれたものじゃないですかね。一緒にやっていて普通じゃないと思いました」と話す成迫は、教育委員会での仕事を優先しながら勤務時間後に今も練習を続けている。

3度目の五輪代表に決まり、日本選手権翌日の記者会見で晴れやかな笑顔を見せた為末(右から3人目)

だったか。まだNTCの芝生の上を歩いている頃だけど、ある日ふと「もうやるしかないな」と開き直りの境地に入って、一切気にならなくなった。自分があとどれぐらいやれるのか、ということだけに興味があった。

その時は、どんな状態でも日本選手権に出ようと思っていた。出て、負ければ、そこで引退だったと思う。

毎日が瀬戸際だから、今日の練習でこの1本をやるか、やらないか、ということですごく迷った。練習量は絶対に少ないので、なるべく確保したい。でも、やったらどうなるか保証がない。福岡に行って1回レースをすることも、今までの経験則から考えて、直前になってから決めた。

あの福岡のレースが予想を大幅に下回るタイムだったから、さらに吹っ切れた。もう調子が悪いことは知れ渡っているはずだし、最後は転んで終わろうが、残されたわずかな期間ベストを尽くそうと思った。そうしないと一生後悔するような気がした。

最後の最後まであきらめない

全力を尽くしたつもりだけど、最後の最後まで狙い続けていたか？　選手も毎回はそういうわけにいかなくて「そうじゃない」ということを自分だけは知っている。そんな終わり方はイヤだと思った。最後、苦しくても絶対にあきらめない。実は結構むずかしい作業なんだけど、あの時はそれをすごく思った。「最後まであきらめない」と……。

とはいえ、どう考えても厳しい。あまりそういうことに希望を抱くタイプではなくて「ダメなものはダメ」と割り切ってきた方だから、なおさら先が見通せてしまう。日本選手権に出られたとしても、オリンピック代表は8～9割ないと踏んでいた。代表になれなかったら、その場で引退しようと考えていた。

そう思いつつ、最後まできちんとやらないといけないという、一種突き抜けた感覚。日本選手権で勝った自信より、あの困難をしのいだという自信の方がはるかに大きかった。

その境地になると、あとで「アイツの競技人生はこうだった」と話すようなことが本当にどうでもよくなって、「自分の限界に到達したい」という思いが湧いてくる。「まだ俺に何か残っているんじゃないか」と、日本選手権で勝った後に思い始めていた。北京五輪の頃は「現役続行の選択肢はあるな」と、気持ちの半分ぐらいで思っていた。

08年の日本選手権前までは「美しい引退」が自分のテーマだった。「歴史に残るアスリート」として、

競技人生の集大成として挑んだ2008年8月の北京五輪は無念の予選敗退。為末（左）は不完全燃焼の結果に「グラウンドから離れたくない」という気持ちがジワジワと大きくなっていった。右は前年の大阪世界選手権に続いて優勝したクレメント（米国）

人目を引く引退を意識した。でも、あの難局を乗り切ってからはそれがつまらなく思えてきて、自分の限界をのぞいてみたい誘惑に駆られるようになった。

残り半分の気持ちは、当初からの流れ。「北京で集大成」という、当初からの流れ。ただ、急場しのぎで何とか間に合わせた日本選手権だったので、その後にまた脚を痛めた。9万人収容の〝鳥の巣〟と呼ばれる大きなスタジアムで開かれた北京五輪は、成迫とともに予選で敗退。4組7レーンに入った僕はいつも通り前半から飛ばして、第4コーナーを出るまでトップにいたが、最後にズルズルと抜かれて4着。タイムも49秒82と伸びず、プラスでも拾われなかった。

レース3日前、北京の選手村で頭を丸刈りにして臨んだ3度目のオリンピック。願わくば決勝へ、最低でも準決勝までは進みたいという希望はかなわなかった。予選が終わって、敗退が決まり「もうちょっと走りたいな」と強く思った。メディアの人たちが「引退か?」と聞いてくる。僕は「まだわかりません」と言うしかなかった。実際、心は揺れていた。「グラウンドから離れたくない」という気持ちがジワジワと大きくなっていた。

「マチュ・ピチュ」で決めた競技続行

北京五輪は日本の男子400mリレーが銅メダルに輝き、スタンドで応援しながら「本当に良かった」と思った。皆、個人のレースでは思うような結果を出せなかったけど、日本として初めてリレーでメダルを取ったことで朝原さん（宣治、大阪ガス）や末續の努力が報われた。

僕はその年の9月、フラッと南米へ旅立った。それまでスパイクを持たずに旅行をしたことがなかったので、試合に関係なくどこかへ行きたくなった。それがなぜペルーなのかは説明できないが、マチュ・ピチュの遺跡を見たかったんだと思う。

それも、1人旅では決断しなかったと思うけど、のちに妻となる聖子がそのころ八王子の僕の家で暮らしていて「マチュ・ピチュ行こうか」と言ったら「いいね」という話になった。

北京五輪から1ヵ月ほど過ぎた2008年9月、後に結婚することになる聖子さんと南米を旅した為末は、ペルーの山間部にあるインカ帝国の遺跡「マチュ・ピチュ」を見て「自分は何て小さい人間なんだろう」と実感

「マチュ・ピチュ」の雄大な光景が、為末に競技生活続行を決断させた

僕が競技人生の瀬戸際に立たされていた07〜08年あたり、一番身近にいた人が聖子だ。陸上のことは何も知らない人で、僕が深刻な顔で練習から帰っても、何も聞かなかったし、こちらも陸上に関しては何も話さなかった。それで良かったんだと思う。

僕が練習に行っている間、八王子の野山に行って花を摘んできたりしていた。「楽しそうに生きてるなあ」と思いながら、「俺もがんばるぞ」と活力をもらった。一緒に深刻にならず、何事もないような日常を保ってくれているのがありがたかった。

インカ帝国の遺跡であるマチュ・ピチュは標高2500mぐらいのところにあるのだが、そんな秘境のような場所では、オリンピックが何なのか誰も知らない。そうなると「俺が世界の中心だ」というぐらいの気持ちで没頭してきた自分が、すごく滑稽《こっけい》に思えてきた。実は、世界中を見渡すと、半分ぐらいの人はスポーツなんて縁もなければ、やれる環境にもない。そういう意味で「世界は広いな」という実感と、「自分は何て小さい人間なんだろう」という自己嫌悪。「最後のオリンピックがダメだったらせっかくの戦歴に傷がつく」とか、そんなのどうでもよくなった。

些細《ささい》なことを気にしていた自分が馬鹿らしく思えてきて、だったら陸上なんかどうでもいいだろうという視点にもなるんだけど、その中であえて「自分が一番大事に思えることは何かな」と考えると、やっぱり陸上だった。自分はいったい陸上でどこまでやれるのか。それを見たくなって、僕は遠くペルーにいる時に現役続行を決意した。

もう1つの選択肢は、2年ぐらいロンドンとかで勉強して、スポーツと違う政治や経済の世界でひと旗上げるというようなことだったけど「今、引退した方が得じゃないか」という小賢《こざか》しさも自分で小さく見えてきた。

ある意味、本当の競技人生はそれからの4年間ではなかったか。そこまでがひたすらがんばった競技人生なら、最後の4年間は改めてそれを紐《ひも》解いて「なんで自分はこういう行動をとったんだろう」という心理分析をしながら、それがどういうことかを理解する時間だった。自分のブログを読み返してみても、08年の発言と12年ごろではかなり差がある気がする。

競技を続けるにあたっては、「為末大」のことを誰も知らないところで、もう1回下積みからやろうと思った。日本にいたら実力以上にチヤホヤされる。それは自分をダメにすると思った。

「アメリカに行こう」と決めて、まず定住する場所を探すために西海岸沿いをオレゴン州からカリフォルニア州へと南下。いったん帰国して、聖子に「サンディエゴへ行くよ。聖ちゃんも準備しておいてね」とだけ伝えた。

ビザが下りたのが、2009年の6月。そこからは本当に1人だけの競技人生になった。それまでも1人だったが、常に誰かしら近くにいた。日本を離れて1人で練習していると、日によっては昔のことがよみがえってきて「こういう気分で走っていたなあ」と、なつかしさに不意を突かれることもあった。

現役続行を初めて口にしたクスコの夜

為末が同い年の聖子さんとの入籍を公表したのは2011年1月だが、その前の同棲期間が長くて、2006年から「ハードラー・為末大」に寄り添ってきた。陸上競技に関してはまったくの素人で、「大ちゃんはひたすら『自分でやる』がテーマですし、私なんかの出る幕はないんです」と聖子さん。むしろ「邪魔しないように」を常に心掛けていたという。

それでも「調子が悪そうだな」というのはわかるし、「レースが近づくと眠れないのか夜中にパッと起きることがあった」と明かす。そういう時は「何か言いたいことがあればいつでも聞いてあげられるように、ソッとそばにいました」と、苦悶する人の話し相手に徹したそうだ。

北京五輪が終わって、2人でペルーへ旅行に出かけたものの、為末はこの先競技を続けるのか否か、ひと言も口にしなかった。聖子さんは自身に問いかけた。「私はどっちを期待してるんだろう」と。わからなかった。ただ、彼がそれを言った時に「エッ」と驚くことだけはしたくなかった。どっちを選択しても「それがいいと思うよ」と言ってあげたかった。

9月7日にペルーに入り、マチュ・ピチュの遺跡を見学して、クスコの街で夕食の席に着いた9月11日だったという。ワイングラスを手に、為末が「ロンドンを目指そうと思うんだ」とポツリ。聖子さんは「それがいいと思うよ」と言いながら「感動して胸がいっぱいになりました」と思い出の夜を語ってくれた。

そして、これも聖子さんは日付けをきちんとメモしてある。2008年11月12日。ロンドン五輪に向けての冬季練習初日。「いってらっしゃい」と見送る聖子さんに、為末は背中を向けたまま「覚えておいてよ、今日を」と言い置いて出て行った。「『これからスタート』という意思表示だったんでしょうね」と聖子さんは感慨深げに話した。

DAI STORY

第9章

「回帰期」

競技人生の集大成

米国・サンディエゴでの生活

2008年の北京五輪後、悩んだ末に現役続行を決めた僕は、都内で記者会見を開いてメディアの皆さんに「あと4年間競技を続けます」と伝えた。オリンピック直後はまだきちんと心の内を話せる状態ではなかったので、「引退会見か」と思った人もいたかもしれないが、「ロンドン（五輪）を目指します」という僕の話に対して、皆さんの反応は「エーッ?」という懐疑的なものではなかったと思う。これをけじめとして、僕は再び〝オリンピックロード〟を歩み出した。

と同時に、住まいも練習拠点もアメリカに移した。一からやり直すという意味ももちろんあったが、いろんな方面の方とのつながりができつつある頃だったので、そこをいったん遮断しないと競技に専念することは絶対に無理だと思った。日本にいれば、なんやかんやと人との付き合いが出てくる。いずれ自分のセカンドキャリアでお世話になる方々であっても、今は競技を優先させるために、あえて距離を置こうと判断した。

1度は海外に住んでみたかった、ということもある。西海岸のサンディエゴでの生活は、とてもおもしろかった。パートナーの聖子は幼いころ家族で海外生活をしており、「ああだった」「こうだった」と当時を思い出しながら毎日を楽しんでいた。そこで生活までするということは、短期で海外合宿に行くのと違って、競技を含めたライフスタイルを形成することで、またいくつも新しい発見があった。現地でできたアメリカ人の友達と話すことも楽しかったし、街全体の雰囲気も楽しめた。サンディ

2009年から米国カリフォルニアに拠点を移してロンドン五輪に向けて始動。サンディエゴ南部のチュラヴィスタにある米国オリンピック・トレーニングセンターがメインの練習場所となった

エゴは朝が早くて、午前5時ぐらいから動き出す人がいる。そのぶん夜も早くなるのか、お酒を出す店はたいがい夜中の12時で閉店してしまう。そうなると僕もだんだん朝型の生活になっていって、午前6時にオープンするコーヒーショップでコーヒーを買って、そのまま語学学校へ行ったりしていた。

そんな生活が気に入って、最初のうちは「引退してもこのままアメリカに住んじゃおうかな」と思っていた。「日本に戻らなくていいや」と思えるぐらい、サンディエゴの生活に馴染んだ。アメリカの大学に入りたい、という夢もあった。

ただ、そうそう夢ばかり追っていられない現実がある。ロンドン五輪に出場できず現役を退いた12年の夏にサンディエゴの住まいを引き払って、生活の糧を得るため日本に戻ってきた。11年1月に入籍して夫婦となった僕らは、都内に住居を見つけ、新たな生活をスタートさせた。

致命的だった膝とアキレス腱の故障

アメリカに行った当初は住む家を探したり、ワーキングビザを取得したりでバタバタと過ごし、09年の秋から練習を再開。しかし、左脚の膝とアキレス腱が痛くて、まともに練習できるようになったのは10年の終わりぐらいだった。と言ってもスパイクは履けず「俺、本当にまたスパイクを履けるようになるのかな」と心配になるほどアキレス腱が痛かった。

実は、北京五輪を目指した08年ごろから痛くて、オリンピック前に病院でステロイド剤の注射を膝

2年8ヵ月ぶりの本格的なレースだった2011年5月の静岡国際の400mハードルで49秒89をマークし、健在ぶりをアピールした

に3回ぐらい打っている。その時はもう現役を続ける気持ちはなかったから、医者に「ちょっと（薬が）多いですね」と言われながらも、痛みを取る方を優先させた。

それと関係があるのかどうかわからないが、オリンピックの後からはもう痛くて痛くて、しばらく日常生活にも支障があった。その痛みと闘っているうちに09年、10年は1度もレースに出られないまま過ぎていった。

レース復帰は11年になってから。5月3日、33歳の誕生日に行われた静岡国際の400mハードルに出て、49秒89で5位（タイムレース）。一番弱い組（1組）だったが、トップでゴールできた。ブランクは2年8ヵ月もあったのに、従来通りのインターバルで走り切ることができ、日本選手権の参加標準記録（50秒80）も突破した。

テグ世界選手権の選考会だった2011年6月の日本選手権（埼玉・熊谷）で為末（左端）は楽々と予選を1着通過したが、決勝（写真）は精彩を欠いて6位（50秒55）。法大の後輩である岸本鷹幸（右から2人目）が49秒28の好記録で初優勝を飾った

終盤失速しての惨敗に悔しさが募った

その静岡国際の前に、金沢市記録会（4月17日）で1回走っていて、それは51秒26かかっている。風が強くて歩数がまったく合わず、散々なレースだったのに、静岡では何とか立て直しを図れた。ただ、静岡で出した49秒89が、現役続行を決めてからのベスト記録になってしまった。47秒89の自己記録より、ちょうど2秒遅い。

韓国・テグで開かれる世界選手権の代表選考がかかった11年の日本選手権は、埼玉県の熊谷で行われた。日本選手権の出場は、08年以来3年ぶりになる。

静岡でまずまず走れたこともあって、大会前はテグ世界選手権の参加A標準記録（49秒40）突破も、さほど難しいことではないと思えた。予選は3組で1着（50秒32）通過。翌日の決勝に向け、その晩は体力回復に努めた。

大学の後輩の岸本鷹幸（法大、現・富士通）が優勝した決勝レース。岸本は静岡国際で49秒27を出し、A標準記録を破っていたのだが、僕はそんな新進気鋭の学生陣を置き去りにして、第3コーナーを回るまでトップを突っ走った。しかし、ホームストレートに入るとパタッと脚が止まり、次々と抜かれて6位（50秒55）。完全にエネルギー切れになっていた。

ちょっと前半から行き過ぎたのだと思う。「今までこんな感じで失速したことあったっけ？」と自問しながら、ゴール後はしばらくトラックにあぐらを組んで座っていた。ジワジワと悔しさが募る。

あきらめの気持ちはまったく湧いてこなかった。テグ世界選手権には出られないけど、目標とするロンドン五輪まであと1年ある。「きちんと準備すれば何とかなるんじゃないか」という、一筋の光

アメリカに拠点を移して以降、スパイクを履いてしばらく練習するとすぐに膝やふくらはぎを痛めてしまうため、
自転車漕ぎや水泳で心肺機能の維持を図った

明を見出すレースでもあったからだ。

走る代わりに自転車や水泳で練習

予選を走って、その翌日の決勝ということで、身体の疲労が抜けなかったということはあるかもしれない。ただ、それは年齢的なことより、練習ができなかったことが大きい。練習量さえあれば、次の日の決勝でも十分に勝負できたと思う。

まず練習ができていないので、身体が何か薄っぺらな感じがした。エネルギーが溜まっていないような身体で、一発ポンと行くのはいいけれど、それだけで疲れ切ってしまう、みたいな……。想像していたより難しいレースになった。

北京五輪の代表がかかった08年も日本選手権の前にケガで苦しんだけど、この時はさらに練習量が半分以下に減っていた。走る代わりに自転車を漕いだり、水泳をやったり、いろいろ試した。でも、やっぱりスパイクを履いてある程度のスピードで走る練習ができないと、実際のレースでは厳しくなる。今考えたら、もうちょっと良い方法があったのかなと思えなくもない。

とにかく、ふくらはぎと膝に負担をかけないで、どうやって心肺機能を追い込むか。家の近くに坂道を見つけて、自転車でガーッと50秒間上がっていく練習もやった。３分から５分のレストで、それを10本とか。

07年あたりからずっとシーズンへ移行する頃の練習がスムーズにいかなかった。ケガをして休んで、また練習をするとケガして。2～3月頃にスパイクを履いた練習を始めると、その2週間後ぐらいに必ず何かが起きる。そうすると1ヵ月ぐらい休むことになり、無理やり合わせてシーズンに突入というようなサイクル。ずっとそのパターンだった。

11年の春だったか、30歳を過ぎて400mで世界のファイナリストになった髙野進さん（当時・日本陸連強化委員長）に、競技生活の終盤になってからの練習について聞いたことがある。僕はずっと、短めの距離で爆発的な力を出す練習をやらないとスピードが出ないと思っていたのだが、その時に髙野さんは「もうそういう練習は止めた方がいいよ」と言った。「ダッシュとかはやらなかった」というのだ。

実際、僕はダッシュと呼べるほどレベルの高い練習はできなかったんだけど、スピードが出る身体に

練習することを愛おしんだアメリカ生活

日本に帰ってくる回数もかなり多かったが、為末と聖子さんのアメリカ・サンディエゴでの生活は3年半に及ぶ。聖子さんは「ゆったりと、ゆっくりと、今までの競技生活を思い返しながら、最後のトレーニングを楽しんでいたのではないでしょうか」と話す。膝やアキレス腱に慢性的とも言える故障を抱え、以前のように走ったり、跳んだりの練習はできなくても「つらい、つらいではなくて、愛おしんで毎日を過ごしていた」ように映るという。

聖子さんはアメリカ滞在中のおもしろいエピソードをいくつか明かしてくれたが、為末らしい話を1つ紹介する。まだ向こうに行って間もなくの頃だという。

現地の人に「何をやっている人？」と聞かれると、為末は「陸上競技の400mハードラー」と答えるのが常だったが「hurdler」のスペルには「R」と「L」があって、発音が難しい。何度も聞き返されて閉口した。

ある日、ロサンゼルスからサンディエゴへ車で帰る時、運転する為末はずっと1つの単語を口にして、助手席にいる聖子さんに「今のはどう？」と聞いてきた。幼いころにアメリカで生活した聖子さんの英語は、ネイティブに近い。2時間以上、ずっと同じ単語を繰り返していた為末を「すごい集中力だな」と思った聖子さん。一方で、何度も何度も「どう？」と聞かれるので、「最後の方はちょっぴり辟易しましたね」と笑う。アメリカ人に通じる発音を、1日も早くマスターしたかったのだろう。

するのをあきらめるというか、スタートから飛ばしていくレースではなく、1周をなだらかに上げていくようなトータル型のレースに切り替えようと思った。そういうレースでも48秒6ぐらいを出したシーズンが過去にあったので「もうそうするしかない」という気持ちだった。

これはまったくの私見で、何の根拠もない話なんだけど、陸上を始めた年齢と終わる年齢を見た場合、〝実働年数〟は皆同じぐらいなのではないかと思う。僕は人よりだいぶ早くて8歳から陸上を始めている。でも、朝原さん（宣治、大阪ガス）は中学時代ハンドボール部で陸上は高校からだから15歳。となると、7歳の開きがある。

それでもって、朝原さんが引退前の35～36歳の頃に言っていたことが、ちょうど僕の27～28歳の頃と重なってくる。朝原さんは最後まで「ここが痛くて走れない」ということはなかったらしいが、それでも時たま「ここが痛い」と言っていたことと照らし合わせると、それは僕の27～28歳の頃と一緒だった。

たとえば、短距離の動きで消耗する関節とか腱とか、実際に使った年数と消耗の度合いは関係しないだろうか。僕が早くから陸上を始めた影響が、そんなところに出ているのかなと考えることもあった。

今後の人生の選択

朝原さんは36歳で出場した北京五輪で銅メダル（4×100mリレー）を獲得して華々しく引退し

「格好いいなあ」と思ったけど、あれは巡り合わせもあると思う。前年の大阪世界選手権を含め、自分の競技生活のサイクルと世界大会が、ちょうどうまく合致した好例だった。

「自分もああなれるんじゃないか」と思ったこともあるが、最後の方は「もう結果は知る由《よし》もないな」という感じだった。ただただ「自分でできることを粛々《しゅくしゅく》とやりましょう」と、現実を受け入れるしかなかった。

どっちを取るかで一番悩んだのが「人生で成功する」ことと「競技で成功する」ことの2つ。北京五輪が終わった30歳の頃、政治や経済、あるいはＩＴ関連の会社やテレビ業界の人など、いろんな世界の人と話をする機会があったんだけど、それぞれの世界でバリバリ活躍している人たちの年齢が、ちょうど僕らの世代だった。20代で起業した人もいる。何をやるにしても「それぐらいの年齢から入っていかないと本物になれないんじゃないか」と思ったことがある。

陸上は30歳までやってきて、自分としては結構引っ張ったつもりなんだけど、ここからさらに4年間続けるとなると、次の人生に出遅れやしないだろうか。競技以外のことにも可能性が見え始めていたところで、やれる感触もあったので、悩みは深かった。

そうやって、いろんな角度からそろばんを弾いて、理屈で考えると絶対にそっちの方がいいなと思えた。

だが、最後の最後で自分の考えが何だか小細工に思えてきた。長く自分が関わってきた陸上人生を続けることは、周りから見るとあまり合理的ではないかもしれないが、自分にとってはそっちを完結させる方が大事じゃないか、と。

現役を続けることで、いろんなことをあきらめる必要があった。そういうことを踏まえたうえでの現役続行だったので、脚が痛くても、走れなくても、最後の挑戦まであきらめるつもりは毛頭なかった。

ある意味、他の世界に陸上を上回るほど魅力的なものがなかったとも言える。当時、足が速くなることの興奮よりすごいものは見当たらなかった。

あとは、陸上競技が自分にとって何なのかを、アメリカにいる3年半ずっと考えていたような気がする。自分でその道を選択したように見えるけど、幼いころ気づいたら足が速くて、近くに陸上クラブがあったので姉に付いて行って入っただけ。もしサッカークラブが近くにあったら、サッカーをやっていた可能性もあるということだ。あるいは、体操競技かもしれない。

100mから400mハードルに専門種目を変える時は、かなり意識的に選んでいるけど、陸上を通じて僕は何をしたかったんだろう。メダルが欲しかった？　では、何のためにメダルを欲したんだろう。というようなことを、3年半ですごく考えた。

そうしたら、だんだんと陸上の向こう側にあった目的みたいなものが見えてきた。だから引退がすごくスムーズだったんだと思う。今度は違う手段でそこへ行こう、と思えた。陸上ではもうそこに行けなくなったんだから、違う手段を見つけるしかなかった。ロンドン五輪に出られないとわかった時、その切り替えは早かった。

東日本大震災のニュースを米国で聞いた為末は、アスリート仲間に呼びかけて震災の翌日には義援金集めを開始。日本に一時帰国している間もさまざまな支援活動に奔走した

「3・11」東日本大震災

2011年と言えば3月11日に起きた東日本大震災のことが忘れられないが、僕はアメリカにいて、第一報をテレビのニュースで知った。ちょうど男子800mの横田真人（富士通）や女子3000m障害の早狩さん（実紀、京都光華AC）がアメリカに滞在している時だった。

すぐに連絡を取り合って「みんなで準備して、できることをやろう」という話になり、震災の翌日には義援金集めに乗り出した。日本国内の状況が良くわからず、どういうことになるのか見当もつかなかったけど、海外にいる僕らに何かできることといったら、あれぐらいしか思いつかなかった。あとは英語でオピニオンを出すこともやった。ちょうど自分の競技人生の総括と同じように、アスリートの有りようというようなことを考え出しているころだった。自分がどういう役割でいたのか、社会にとってアスリートとは何か、というようなこと。地震がきっかけで、さらにその思考が深まった。

自分が普段から「このために競技をやっているんだ」ということを曖昧《あいまい》にし、腑《ふ》に落ちない状態でいると、社会から「こんな時にスポーツをやっていていいのか」と言われた時にどうしても軸がグラグラと揺れる。みんなはどう思っているんだろうと、すごく仲間のことが気になった。

パッと浮かんだのは、日本の陸上選手は素直で社会から批判されるようなことに慣れていないから、たとえば「今そんなことをやっていていいのか」と言われた場合にとまどうだろうな、という心配だった。シーズンが近いけど、合宿なんかやりにくいだろう。

だから、１つのスポーツ界の見方として、今トレーニングを続けることが後々大事になるんだということをその時に発信した方がいいかなと思って、インターネットに僕なりの意見を乗せた。

スポーツは社会に必要だ、とよく言われる。夢とか希望とか、スポーツ大会のスローガンに掲げられたりする。では、今まさに希望を失いかけている日本が「なぜスポーツを自粛しちゃうの？」と僕は思った。

アメリカの「９・11」の爆破テロの頃を調べたら、その１週間後にスポーツ大会を開催している。もちろん批判もあっただろうが、スポーツ選手がその瞬間に一致団結して立ち上がった。「今こそ自分たちが存在する意味があるんだ」と。

僕らもそこで怯《ひる》んではいけないと思った。だからこそ普段からよく自分の考えを練って、「スポーツはこのためにあるんだ」ということを語れるようになってないといけないし、身体で表現できるようになってないといけないのではないか。そういうことを強く思った時期だった。

4月に入って一時帰国し、レースに出るより先に被災地の宮城県や福島県へ出向いた。元チームメイトで同じ400mハードルをやっていた秋本真吾が福島県大熊町の出身なので、被災した実家を見舞ったり、仙台や会津若松にも行った。知り合いが何人もいる福島大のOGの選手たちのこともすごく気になった。

あの年、僕らが選手仲間から集めて送ったスパイクを履いて、インターハイの県予選に出場した高校生もいたそうだ。記録会に出るために訪れた金沢では、被災地から避難されている方にもお目にかかった。

あの時は、陸上界にも「選手会」のような組織があって、みんなで活動できればもっといろんなことができたのに、とつくづく感じた。たとえば日本陸連とか大きな団体がメッセージを発信することは大事だけれど、知名度のある選手たちが何かを発したり行動したりするということは、それなりに世間に響くと思う。

選手同士で「社会に何ができるんだろう」と語り合える場があれば、もっとアイデアが出てくるだろうし、それによって陸上競技を社会に受け入れてもらうきっかけにもつながるのではないだろうか。

これまで「結果さえ出ればみんなが応援してくれるんだ」という考えで来すぎたなと思っている。僕らが関わった被災地への義援金は、本当に多くの方から賛同をいただいて、最終的に５０００万円ぐらい集まった。協力してくれた方々に改めてお礼を申し上げたい。

これからのスポーツはどうあるべきか

日本のこれからのスポーツは、どうあればいいんだろう。陸上競技が社会に果たす役割は何だろう。そんなことを日本の外でずっと考えていたのは、良い経験だった。平和な日本でスポーツをやれることは素晴らしい。ただ僕は、今のスポーツの世界は少し変わってもいいのではないかなと思っている。考えられる選手、語れる選手を育てていくことが１つ大事だと思う。何となくだが、僕の役割はそっちの方面のような気がする。

髙野さんや朝原さんなど、選手としてのキャリアも十分あって、指導者の道でがんばっている人は何人もいる。でも、社会とスポーツの橋渡し役のような人は少なくて、特に日本では手薄だ。みんなで野球をやろうと思ったら、ポジションを振り分けないといけない。だったら、僕は手薄なところの守備についた方がいいだろう。

アメリカにいる時にメジャーリーグを見学に行ったことがあるのだけれど、何とか野球を愛してもらおうと思って、みんなすごく努力していた。業界全体で一生懸命やらないと、すぐファンに飽きら

4度目の五輪出場に向けた最後の冬季練習では、脚に負担をかけない砂浜での走り込みを多く取り入れた

れてしまう危機感を持っていた。日本のプロ野球が一時下火になった背景には、そんなことも関係しているると思う。今はまたファンサービスに力を入れ始めて、人気も上向いているように感じる。サッカーのJリーグにしろ、水泳にしろ、人気の下支えをする努力をしているのだと思う。陸上競技も、もっとそのあたりに目を向けて、新たな陸上ファンを開拓してもいいのではないだろうか。もし僕が陸上競技と関わるとしたら、そういう普及や宣伝活動に携わりたいと思っている。

最後のトレーニング

ロンドン五輪に向けての最後の冬季トレーニングは、まあまあできた方だった。「坂道ダッシュ」と「サーキットトレーニング」と「砂浜ダッシュ」が練習の3本柱。それに、自転車が加わる。

家の近くで見つけた山道で、48秒ぐらいダーッと駆け上がる練習。アスファルトの道では脚が痛くなるから、土の上だ。48秒は400mハードルのタイムをイメージしている。根拠はないが、最後は何でも48秒間の運動にした。それが一番効率が良いかなと思った。高校生の頃、坂道の練習が効果的だった記憶があって「坂道ダッシュ」には力が入った。

サーキットトレーニングは、中学時代に河野（裕二）先生に教わった内容を思い出してやった。本当に、競技人生のおさらいというようなメニューになった。ビーチの練習も、日本代表の合宿などで、髙野さんが組んだメニューの1つだ。

自分の競技人生で一番良かったと思われるトレーニングを抽出し、最後の練習にした。10割とはいかなかったけど、それでも7割はこなせたと思う。それほど足腰に負担のかからない練習だったので、膝やアキレス腱は何とか大丈夫だった。

それでも、3月に入ってスパイクを履いたら、やはり膝とアキレス腱に痛みが出てきてしまった。本当は4月にアメリカでレースに出る予定だったが、出られず。国内の春のサーキットにも出場できなかった。1度だけ愛知の方で記録会を探してもらって出ている。

ハードラーはそこのケガをしたらおしまいだなと思った。ずっと肉離れをしているような感じで、とにかくハードルを跳んだ後に着地したくない。足を着くと恐ろしく痛いから。アキレス腱の付着部が突っ張って、切れそうに痛い。引退した今も、その痛みは残っている。

ただ、案外400mは走れるもので、跳ばないからか、なるべく上下動をなくしてスーッと滑るように進むと、最後まで行けた。

ロンドン五輪の代表選考会を兼ねた2012年の日本選手権は大阪で開かれ、その前の1ヵ月間を僕は広島の実家で過ごした。練習は広島市内の県営競技場や広島経済大のグラウンドを借りたのだが、考えると陸上を始めて最初に走った競技場で、競技人生最後の練習をしていたことになる。そこにいる先生方は知っている人ばかりなので、僕が練習していても適当に放っといてくれて、まともに走れない身にはありがたかった。

状態は決して良くない。「オリンピックは難しいかな」という考えも頭をもたげていた。でも「何とかしてやろう」という気持ちの方が大きかった。これまでもいろいろと奇跡を起こしている。「また奇跡が起きるんじゃないか」という一縷《いちる》の望みがあった。もう岸本に勝つことはあきらめた。岸本は先に行かせて、2番を取ろう。「49秒3ぐらいは出るんじゃないか」と思っていて、目標をそのあたりに置いた。

ラストレース

最後の日本選手権は、あっけなく終わった。34歳で臨んだ、15回目の日本選手権。予選の1台目に脚をぶつけて転倒し、勝負する間もなくロンドン行きはなくなった。

本当だったら右脚で踏み切って左脚を振り上げるのに、あとでリプレイを見たら右脚でハードルを蹴っている。たぶんストライドが短くなっていて、本来の歩数では届かず、もう1歩踏んでしまったのだろうが、今考えてもよくわからない。「アレーッ、転んじゃった」という感じだ。感覚が致命的に狂っていたのだろう。1台目のハードルを倒したことはあっても、転ぶのは初めてだ。

57秒64（7着）という記録が残っているから、転んでも失格ではなかった。1回転して起き上がり、また走り出した。とにかく疲れないと終わった気がしないと思って、速くても遅くてもいいから、ヘロヘロになってゴールしたかった。これが最後のレースというのがわかったので「トラックを1周するのもこれっきりだ」という思いもあった。

ロンドン五輪の最終選考会だった2012年6月の日本選手権（大阪・長居）。
為末は予選の第1ハードルに右足を引っ掛けて転倒してしまった

五輪代表入りを逃したら引退すると決めていた日本選手権。大きく遅れての
予選レース最下位ながら最後まで走り抜き、競技人生に終止符を打った

あの感じだと、おそらくアクシデントなく無事に1周走っても、負けていた気がする。ゴールまでたどり着いたらかなり疲れ切っていて、十分に〝ヘロヘロ感〟はあった。

大会前に「ロンドン行きを決められなかったら、その時点で引退します」と言っていたので、ゴール付近にメディアの人たちがドッと集まってきた。惨めな終わり方で涙も滲《にじ》んできたけど、気持ちは意外とすっきりしていた。もう打つ手がなくて、やり尽くしたという感じ。本当に「気が済んだ」というような気持ちだった。

北京五輪の後は「気が済むまでやってみる」ということだけで走ってきたような気がした。その晩は大阪まで応援に来てくれた家族と食事をしたのだけれど、競技場を出た途端に気持ちが切り替わっていて、妻と次の人生設計のプランを話し合っていた。「次の人生で勝負してやろう」と、レースの3日後ぐらいにはもうやる気満々だった。

「勝負したい」気持ちに変化なし

陸上人生に悔しさが残ってないわけではない。世界の頂点を目指しながら結局銅メダルに終わり、「最後にもう1発」と思ったけどそれもできなくて、ずっとフラストレーションが溜まっていくような締めくくりになった。その溜まったものを爆発させたいのに、もう陸上では難しい。

これは、100mで頂点に立てないことがわかって、400mハードルを始めた時の心境に似てい

引退しても「勝負したい」という気持ちは消えず、さまざまな分野で精力的に活動している

る。好きな100mをあきらめざるを得なくなって溜まったモヤモヤを、ハードルにぶつけようと思ったあの気持ち。今度はハードルもダメになった。では、そのエネルギーをどこにぶつけるか。日本選手権の3日後ぐらいには、自分に向いているものは何かを探ろうと、手当たり次第に動き回った。

まず、物を書くとか講演をするとか、自分の考えを表現すること。時代を編集するというか、意味づけをする人が増えてきたな、とアメリカにいる時から感じていて、自分にできるような気がしていた。ハードルと初めて出会った時と一緒で「もしかしたらこの人たちに勝てるんじゃないかな」と。アメリカにいた最後の1年は、それを試してみたい欲求にかられた。

陸上を辞めると同時に、そういうアグレッシブな気持ちが失せてしまうのが、一番怖かった。400mハードルをやらなくなっても自分なんだけど、「勝負したい」という気持ちが消えたら、自分が自分ではなくなるような気がした。でも、消えるどころかますます強くなっていて「良かったな」と安堵した。

実はこれが、自分のモチベーションだったのかなと思う。身体能力はもちろんあったと思うが、それに加えて人より強烈に持っていたのが「勝負したい」という気持ち。「野心」とでも言うか、自分の一番特徴的なことはそこかなと、最近になって思う時がある。

「何でそんなに勝ちたいの？」とか「何でそんなに挑みたいの？」とか、自分に聞いてみたくなる。動きたくて、やりたくて、仕方がない。しかも、誰もやらないことを人に先んじてやりたい。「次のライバルは誰だろう」と常に考える。

引退後、いろいろと仕掛けていくには妻以外にもパートナーが必要だと思って、日本選手権から2ヵ月も経たないうちに、以前から知り合いだった小濱寿通君に「専属マネージャーをやってくれないか」と頼んだ。友達が経営している会社に出資して一緒にやっていくことになったのと、メディアへの働きかけが最初の仕掛けだった。

大きな仕事の手始めは、ロンドン五輪のテレビ解説だったと思う。ロンドンにはオリンピック開幕前に行き、本番は東京のスタジオでゲストとして生出演。時差の関係で、しばらく昼夜逆転のような生活を送った。それに引き続いて、パラリンピックのゲストにも呼ばれた。その後から、急にテレビ関係の仕事が多く舞い込むようになった。

僕はずっとスポーツを文化と結びつけて語れる人がいないな、と思っていた。いろんな世界でスペシャリストはいて、スポーツの世界でスポーツを語っている人は何人もいるけど、スポーツで文化の領域に踏み込んでいる人はそう見当たらない。

それが、僕にとっては〝ハードル〟に思えた。こういう世界がここにあるのに、こういうふうにやれば勝てるのに、という興味津々の世界。だったら僕がその世界に飛び込んで、スポーツと社会を結びつけて、スポーツを文化にしていくオピニオンリーダーになれたらなと思った。

その考えは、ロンドン五輪の組織委員会会長として手腕を振るった元1500mの金メダリスト、セバスチャン・コー（英国）の影響をかなり受けている。

そしてもう1つが、スポーツと健康。ますます高齢化が進む日本では、欠かせない分野になる。そこの分野にアプローチできる人たちと組んで、プロデューサーのような役割が果たせればいいなと考えている。

スパイクを脱いで1年。35歳になって腹回りが気になるこの頃だが、手段は変わったとしても自分にとっての〝ハードル〟探しは一生続くだろう。「勝負したい」という気持ちは、現役の時とまったく変わりはない。

「次の業界でも勝ちたい」

為末のビジネスパートナーとして、専属マネージャーを務める小濱寿通さんは30歳。ちょうど為末が銅メダルを取った2005年のヘルシンキ世界選手権の直前に株式会社サニーサイドアップに入り、会社に来る機会が多かった為末と親しくなったという。

その後、小濱さんはいったん退社するが、為末がアメリカから一時帰国した時に食事をしたりと親交を深め、12年の日本選手権で現役を引退すると、すぐに「マネージャーを」という声がかかったそうだ。「次の業界でも勝ちたい」と言う為末。小濱さんは「自分も勝ってみたいなと思っていたので、即決でした」と笑いながら話す。現在はサニーサイドアップに復職している。

自分に陸上経験はないが「スポーツに関わる仕事がしたい」とずっと思っていたそうで、今は忙しいけどやり甲斐のある毎日。為末大という元アスリートの魅力を聞くと「鋭さの中に柔らかさがある」「押しつけがましくないけど、説得力がある」という言い方が返ってきた。「なるほど」と思う人は多いだろう。

DAI STORY

第10章
「終わりに」

次世代の選手に、そして多くの人に伝えたいこと

他人の失敗から学ぶ

「毎日グラウンドに行かないでいったい何をすればいいんだろう」――。引退する前はそう思っていたけれど、人間というのは思った以上に新しい環境に馴染むもので、今はすっかりアスリートではない日々を普通に過ごしている。今は月に1、2度休みがある程度で、メディア、講演、イベント、ベンチャー企業の支援など、忙しい毎日を送っている。

先日、テレビ番組の取材で陸上競技場に行ったが、久しぶりに見るグラウンドはまるで遠い昔の記憶にあって、グラウンドの上をつい1年前まで自分が走っていたとはとても思えなかった。

25年の現役生活は長いようでいて、あっという間だった。たくさん悔しい思いもしたし、最高の気分も味わった。特に僕の競技人生は、良く言えば「メリハリがあり」、悪く言うと「安定しなかった」から、息をつく暇もなかった。安定せず、順調ではないことが嫌だなと思うこともあったが、20代半ばのある時から、「もう僕はそういう戦い方しかできないんだ」と割り切った。おかげで、たまにとんでもないレースをしてメダルを取るようなこともあった。

たぶんこれが、陸上競技の雑誌に書く僕の最後の文章になると思う。だから何を書こうかずいぶん悩んだが、自分の競技人生を振り返るだけでなく、どうせだったら次世代の選手の役に少しは立ちたいと思った。だから、自分が〝失敗した〟と思う5つのことを伝えておきたい。

記録がなぜ伸びていくかと言うと、選手が先人の経験から、もっと言えば、先人の失敗から学んだのだと思う。自分で失敗をして学ぶのはいいことだが、さらにいいことは、他人の失敗から学ぶことだと僕は思っている。

次の世代には僕の失敗を生かしてほしいという願いを込めて、僕の失敗したことを書いておきたい。

1、海外の大学に行けば良かった

僕が高校生の当時、いや、今もそうかもしれないけれど、インターハイでいい成績を残した選手には、日本の「どこの大学に行くのか?」という質問ばかりをされていた。指導者も選手もメディアも、陸上関係者のほとんどの頭の中に「日本以外の大学へ進学する」という発想はなかった。もちろん、海外でプロ選手になるという選択肢もない。

30歳近くになり、陸上以外の世界の同じ世代の人たちに会い始めると、想像以上に海外の大学出身者が多いことに気づいた。なかには高校から海外の学校に通っているという人もいた。

海外の大学の方が日本よりいいというわけではないが、〝海外〟という選択肢がある中で日本の大学を選ぶことと、その選択肢自体に気づかないで日本の大学を選ぶことはずいぶん違う。それに僕の経験上、日本の常識以外の常識を体感した人はある程度、物事を引いて見られるようになっている気がする。それはある程度若い時の方がいい。僕がある一定期間海外に住んだのは30歳になってからで、それでは少し遅すぎたかな、と今は思っている。

例えばアメリカで言えば、アメリカの大学生は〝アメリカ一〟と〝世界一〟の差が意識の上でほとんどない。〝世界一〟という感覚がたいして大げさではなくグラウンドのあちこちに落ちていて、そういう常識の中で競技をしていたら、僕の競技人生も幾分変わったのかなとも思う。

人間は想像以上に「場」と「人」に影響されている。世界一を目指す人ばかりの中で育つことと、日本での大学選手権を目指す中で育つこと。大学選手権を目指すことが良くないと言っているのではなく、〝世界一〟を目指すことと〝大学一〟を目指すことは違うやり方が必要だと僕は考えている。何を常識とする場所に身を置くかで人は変わる。そういう点で、僕は「自分がいる場所」を意識するのが少し遅かったと思っている。

2、情報収集・編集能力が足りなかった

僕はコーチをつけずに個人で競技をしていたけれど、そういうやり方で競技をしていく上で、少し後悔しているのは情報収集、編集能力が欠けていたことだった。

例えば、あるトレーニングを行うとして、完全ではないにしても、そのトレーニングが孕《はら》むリスクやメリットをある程度過去の情報から得ることは可能だったと思う。また、世の中に氾濫《はんらん》するさまざまな情報をどう編集するかも大事で、さまざまな情報のつながりがきちんと見えていたかというと、特に経験が少なかった僕の競技人生の前半は少し難しかった。

僕が英語を理解し始めたのは30歳になってからで、それまでの情報と言えば、すべて日本語に翻訳されたものばかりで、そういう点でも「世界の情報にアクセスしていた」とは言い難かった。また、手に入った情報を本当の意味で抽象化し、要点をつかむことができ始めたのも20代後半からだった。

トップアスリートの世界は、科学的な手法で情報が分析されるのを待っていては間に合わず、そうなるとどうしても感性で進むしかない。だから、「自分の感覚がすべてだ」と言い切る選手もいる。しかし、人間の感性もまたエラーを犯しやすく、感性を信じ過ぎれば自分の間違いに気づきにくい。僕も若い時は感性を強く信じるタイプだったが、それだけでは間違えることも時々あり、仮に手に入ったその情報を無視するとしても、もっと確かな情報を集めるようになった。

20%の成功率だとわかっていてチャレンジして失敗することと、チャレンジした結果として成功率が20%だったことは、実はずいぶん違う。この確率的な考え方、科学的な検証、ある程度の情報を読み解き、それを編集し、自分なりに仮説を立てることがとても重要だと思う。

3、メンターをつければ良かった

僕は指導者をつけるのがあまり好きではなく、だから一時的にはアドバイスはもらっても結局、最後までべったりとした指導者と選手の関係にはならなかった。何となく日本的な熱い師弟関係というものが苦手だったからだと思う。

日本では競技をやり始めて、最初に「先生と生徒」の関係があり、そのまま部活動に移行して「指導者と選手」の関係になる。だから、「指導者と生徒」も比較的上下関係がはっきりしやすく、さらには指導の内容に、競技力向上以外の生活面も含まれていく。そして、日本のスポーツの大部分は部活動によるものだから、その生活面も含めた「全人生的指導」が高校、大学に入っても続き、ひどい場合は社会人になっても生活面や倫理的な指導をされている場合もある。

僕はとにかくそのことが嫌だった。足が速くなることと生活面がどう関係あるかがわからなかったし、あったとしてもそれは僕自身か、もしくは僕の親の領域だと思っていた。さらに、僕は昔から不思議なことや、わからないことが多く、それを人に聞く癖があった。返ってくる答えが理解できないとさらに聞く。そして、その内に自分の意見を言い始める。要は、ディスカッション的手法をとても好んでいた。所詮《しょせん》、日本での指導者と選手の関係は、その問答を許してくれないところがあった。

幸いにして僕の中学・高校の指導者は、僕のそういう手法を受け止めてくれて、時々疑問を話し合うという余地があったのだが、他の学校ではそれが珍しいことだということも僕は知っていた。そして、大学に行けば、指導者はおろか、先輩とのディスカッションすらないという噂があり、だから高校卒業時点で僕は「指導を受けず自分自身でコーチをする」という道を選択した。

引退して、社会に出て、「メンター」（良き助言者）と言われる役割の人に会うことが増えてきた。僕の知り合いのメンターは起業家が時折相談する存在で、その都度、適切なアドバイスをしている。けれども、べったりと彼らを日常指導しているわけではない。メンターの中には教えすぎず、一方向すぎない、ちょうどいい距離感を保つ人がたくさんいる。

もしも僕の現役時代に相談できるメンターがいれば、そのアドバイスを素直に受け取っていたかどうかは別として、「自分の失敗をいくつか軽減できたのではないか」と思うことが時々ある。メンターが行うのは、命令ではなくアドバイス。アドバイスは、それを受け入れるかどうかの余地が、選手の側に残されている。

特に、高校生ながら100mで9秒台突入が期待されている今の桐生祥秀君（京都・洛南高）のような、マスメディアに急に注目される時の対処の手法などをアドバイスできるメンターが陸上界にはいない。何しろ、経験した人が少ないからだ。陸上界に競技力向上以外の、女性に対してのメンター、メディア対応のメンター、金銭面でのメンター、といった存在が必要だと僕は感じている。

4、プライドを早く捨てれば良かった

僕は自意識が強かった。そもそも競技をやっていく上でのモチベーションは「自分という存在を世に知らしめたい」という強烈な野心だったし、「何者かになってやる！」とずっと思っていた。その自意識があったから乗り越えられたことも多く、それが強烈なエンジンの役割を果たしてさまざまなことにチャレンジできたのだと思う。

しかし、その自意識の強さはプライドにも変わりやすく、それによってずいぶんブレた時期があっ

たように思う。ある一定の成績（エドモントン世界選手権でのメダル）を収めて世の中に注目されるようになってから、僕の中では「どうなりたいか」より「どう思われたいか」という気持ちが優先されることが時々あった。

昔は競技で上り詰めることでしか自分を認めさせる手段がなかったが、ある程度まで行けばメディアに出たり、違う手法で自分を社会で認知させることができる。競技がうまくいかなかったことも原因だったと思うけれど、「世界で勝負して世の中に自分を認めさせるんだ」と言いながら、違う方法で自分を認めさせては、承認欲求を満たしていたようなところもあった。自意識は、目標へ上り詰めるまでは「野心」になり、上り詰めてからは「保身」になることが多い。

それでしばらくうろうろして、ある日、自分が言っていることを客観的に見ている自分が恥ずかしさで耐えきれなくなって、「もう一からやり直そう」と思った。そう思うまでに2、3年かかったような気がする。

これは、上り詰めている最中のアスリートには無縁の話かもしれないが、もし一度でも輝いた瞬間を持ったとしたら、それに固執しない方がいい。あの時の自分と今の自分を比べて、それが受け入れられない時に人はチャレンジをしなくなり、言い訳が多くなる。僕はそうだった。

特に時間が経てば何でもないようなことにこだわって、それにプライドを持っていることが若い時には多いものだが、それをなるべく早くかなぐり捨てれば良かったと思っている。大事じゃないことを気にして、本当に大切なことに集中できなくなるのは、とにかく避けた方がいい。

5、もっと思い切りやれば良かった

「散々自由にやった」と思われている僕の競技人生だったけれど、今振り返ると「もっと思いっきり弾けて良かったのではないか」と思う。なんだかんだ最後まで常識の範囲からはみ出ることができなかった。

僕はスポーツ以外の世界の人間と話をすることが多いが、スポーツの世界では考えられないくらいはみ出している人がたくさんいるのに驚いた。ソフトバンクの孫正義さんや「Facebook」を開設したマーク・ザッカーバーグの話などを聞いていると、相当に早い段階ではみ出していて、はみ出し続けている。目的のために手段を選ばないというか、そもそもその目的もずいぶん常識的ではないところに置いていて、そこに突き進んでいる。

振り返ると大学の頃まで、僕は思い切ったことができなかった。一時期、髪の色を染めたりしたけれど、言動も選択も至って平凡なものを選んでいた。それは一見、はみ出しているようには見えていたかもしれないが、本当に小さな世界で突っ張っているだけだった。世界をどう牛耳るか。世界をどうやって抑えにいくか――。そこまで思っていなくても、恐る恐る世界での勝負に踏み出し始めたことでさえ、20代の前半だった。

日本のスポーツは、競技をする上で人間的な成長を促すという文化が色濃く残っている。それは素晴らしい文化で、海外のスポーツにはなかなかないものだと思う。そして、世界のトップを目指すような選手でなければ、その文化は競技力向上にも一定の効果があると思う。

しかし、倫理的であるということは一歩間違えると、その時代や指導者の常識で理解できる範囲の〝良い子〟から抜け出られないことでもある。ある日から僕はそこを飛び出そうと暴れだしたが、少しデビューするのが遅かった。もっと早い段階で飛び出して良かったし、もっと激しく暴れても良かった。

「世界一を目指すということは、どれだけクレイジーになれるか、ということでもある」と痛感している。

時代を変えたような人は、後から見れば「立派」だと言われるけれど、その時代の側近の人の話を聞くと悪評が驚くほど出てくる。

それは本当は「英雄も嫌なやつ」というわけではなくて、目的に一直線に向かう時、どうしても「いい人」ではいられない、ということを指していると思う。そして、どれだけ人に嫌われようと、歴史的な出来事を起こせば、後は勝手に物語が作られていく。世界の人間が誰もやっていないことは、世の中に理解されにくいことが多く、そういう孤独感を受け入れられなくて、世間に迎合してしまう。僕には少しそういうところがあった。

「いい人」だと言われたいのか、本当に強くなりたいのか。そこがトレードオフの関係になる時に、迷わず目的を取れるかどうかが、世界で勝負する上では大切なのだと感じている。

なぜ陸上競技の普及、広報活動をしたのか

現役時代から、陸上競技の広報活動をしていて、「なんでそこまでやるのか？　競技をすることに集中しろ」と言われたこともあった。散々説明はしたが、最後になるので、自分がなぜ普及・広報にこだわったのかを書いておきたい。

中南米、アフリカ、アジアの経済発展がすさまじい。スポーツはある程度経済的に豊かな国でなければ行うことさえできないが、今はこれまで参戦してこなかったような国から強い選手が出始めている。スケートのように施設を造る必要があり、競技を継続すること自体にお金がかかるようなスポーツはさすがに発展途上国でも支えるのは難しいが、陸上競技のような素朴なスポーツは参入障壁が低い。つまり、貧しい国でもすぐ参加できてしまう。

今でこそ東アフリカの高地に住む「ケニア、エチオピアの選手が強い」と言っていたりするけれど、エベレスト登山の支援をしているネパールのシェルパのような民族やアンデス山脈付近の民族など、もっと高地に適応した民族はたくさんいる。そういう国がスポーツを選べるほど豊かになった時、勢力図は一変するだろう。世界が万遍なく豊かになっていくということは、日本の陸上競技が活躍しにくくなっていくことでもあると思う。

ご存知の通り、日本はこれから少子高齢化社会がより進んでいく。前回の東京オリンピックが行われた１９６４年には65歳以上の高齢者の割合は6.2％だったのが、現在では24・１％になり、ある試算

では2060年には39・9％になると言われている。2060年時の日本の予想人口は約8000万人。現在より4000万人も少ない。

当然、子供の数は今よりも相当に減り、それはつまり競技力にももろに影響する。2060年には中国の人口は約16億人、インドが約21億人（※パキスタン、バングラディッシュを含む）と予想され、人口面ではとてつもない差が生まれる。

つまり、あと50年ほど経てば、日本の子供の人口は半減している。そうなればチャンピオンスポーツ自体の競技人口が少なくなり、今ある競技のうちいくつかはオリンピックのメダルを目指すことができなくなっているだろう。

いったい50年後、日本の陸上競技はどのようなかたちで存続しているだろうか。危機感を持っているスポーツ団体は普及や認知度を高める活動にかなりの労力を割いている。現在の日本サッカー協会の取り組みと、子どもたちの間でのサッカーの広がりを見ていると、他のスポーツは現在の競技者数を大きく減らし、50年後にはサッカーの〝ひとり勝ち状態〟になっているかもしれない。あとは水泳だろうか。ただでさえ子供の数が減っていくのに加え、シェアも減らしていく可能性がある中で、50年後、日本の陸上競技はどれだけ世の中に応援されているのだろうか。

数年単位でみれば、日本陸上界が発展することは、強化によってスター選手をさらにスターにしていくことなのかもしれないが、僕はもっとも本質的に競技を発展させることは、普及と認知度を高めることに尽きると思っている。たくさんの人が競技をやってくれれば、タレントがいる確率は高まり、スター選手は出やすくなる。幅と高さはある程度比例する。

そして、いくら競技力が高くなっても、人気が出るかどうかは実力とはあまり関係がない、ということをプロになって実感した。

僕は陸上競技を人気スポーツにしたかった。陸上競技場が観客であふれかえり、活気がある競技にしたかった。選手たちも小学生から80代まで幅広い人たちが同じ競技場で試合をし、パラリンピアンもオリンピアンも同じ大会に出場する。選手たちがみな陸上競技を見て学ぶような、社会的に尊敬される競技にしたかった。仮にサッカーほどの大きなスポーツになっていなくても、日本のスポーツがみな陸上競技を見て学ぶような、社会的に尊敬される競技にしたかった。そのためには、選手の意識と組織の意識が変わる必要があると思っていた。

何より僕がもっとも訴えたかったのは、「陸上競技はトップ選手のものだけではなく、陸上競技を愛するすべての人たちのものである」ということだった。

特に、日本はトップ選手の強化にだけ意識が集中していて、審判など、陸上競技の運営を支えてくれる人たち、ファンの人たち、そしてトップではないかもしれないけれど陸上競技を続けてくれている選手たちへの支援が少ない。本当はその人たちが日本の陸上競技を支えてくれているのだということを、トップ選手や陸連も含めてもう少しわかってほしかった。それが、僕が「広報」「普及」に興味を持った理由だった。

陸上競技では僕が思っていたことの10％もできなかったが、これからは陸上競技だけではなくすべてのスポーツで、トップではないけれどスポーツを愛してくれている人、楽しんでいる人の支援を続けていこうと思っている。

これからやりたいこと

引退したトップ選手は、その多くがトップ選手の育成に関わる。それは魅力的だし、素晴らしいことだと思うが、ちょっとそこに人が集まり過ぎて競争が激しい印象を抱いている。

スポーツはただ強化して世界で戦うだけではなく、もっと他に可能性があるのではないか——。現役時代からずっとそう考えていて、引退した今、僕はその世界の第一人者になりたいと思って少しずつ動き始めている。スポーツのための世界ではなく、社会の問題を解決する手法としてスポーツを使うという世界をイメージしている。

一つは教育の世界。どうしても日本では「体」と「頭」が切り離されて考えられていて、スポーツをやる人間は頭が悪くてもいいし、反対に勉強ばっかりしている人はスポーツができないことが多い。けれども海外、特にアメリカにいて、それは当てはまらないことがあると痛感した。

頭が良くなる運動があるのではないかと、僕は考えている。ハーバード大学の医学博士、ジョン・J・レイティ教授の「スパーク理論」等はすでに出てきているが、脳と運動の関係はこれからもっと解き明かされていくだろう。そこに運動の新しい教育の可能性を見ている。東大にいながらオリンピックに出る選手がいてもいいし、オリンピアンが超一流のハーバード大学に進学してもいい。そういう子どもたちをどんどん育てていきたい。

また、医療の領域も日本にとっては重要だろう。これから少子高齢化が進むと、高齢者が病気になることで増える医療費の負担はとても国が耐えきれないほどになる。それを防ぐには〝健康寿命〟を延ばしてもらう、つまり、なるべく病気にならない体作りを自分からやってもらうしかない。

日本はチャンピオンスポーツで大きくなったから、30代を過ぎてからのスポーツ環境が極端に悪い。中学・高校の部活ではスポーツ人口は多いのに、それが社会人になると一気に減る。これも〝健康寿命〟が延びない原因でもあると思う。40代からのスポーツをどう充実させるか、また高齢者のスポーツをどう促進させるか。そこに大きな市場があるのは間違いない。

僕は今、マスターズ陸上で親善大使のようなことをやらせてもらっているけれど、いずれマスターズがどの競技においてもかなり重要な地位を占めるのは間違いないと思う。

さらに、外交の領域のスポーツはこれからとても重要になると思う。そもそもスポーツが「代理戦争」と呼ばれたり、オリンピックが休戦の手段として開催された歴史等を考えると、スポーツの外交的側面はとても大きいと思う。いわゆる国際貢献だけではなく、具体的には、1971年に名古屋で開催された卓球の世界選手権をきっかけに中国とアメリカ、中国と日本の国交正常化への道を開いた「ピンポン外交」のように、各国間の潤滑油としてのスポーツ、また今回の2020年オリンピック招致の件など、本当の意味でのスポーツ外交官をもっと育てて、国益に沿う、または世界的な平和に貢献できる人材がもっと必要だと思う。

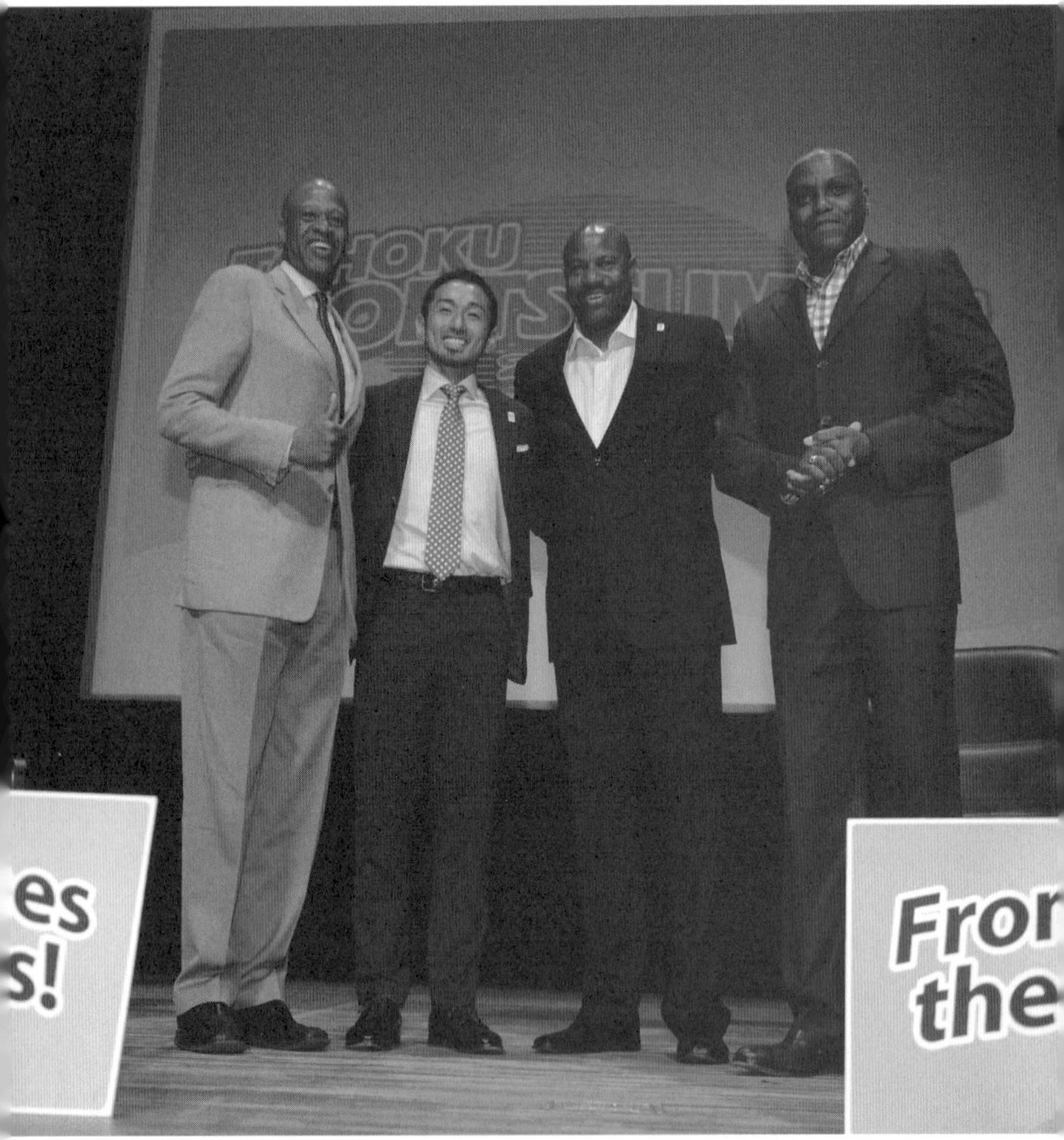

2013年3月に宮城県で行われた「東北スポーツサミット2013」におけるコーチング会議において、1980年代から90年代に世界の陸上ファンを熱狂させた米国の3人のスーパースター、100m元世界記録保持者のカール・ルイス氏（右端）、走幅跳世界記録保持者のマイク・パウエル氏（その左）、三段跳元世界記録保持者のウィリー・バンクス氏（左端）を迎えたパネルディスカッションで進行訳を務めた為末

スポーツにできる最大の社会貢献は「世界平和」だと僕は思っていて、何かしらでその活動に関わっていきたい。こういう活動は、どちらかというと日本の選手より海外の選手の方が積極的だけれど、日本の選手にも少しずつ意識が芽生えてきているように思う。「ピンポン外交」の立役者であった荻村伊智朗さん（故人、卓球の元世界チャンピオンで、元国際卓球連盟会長）のような、スポーツ外交を展開できる存在を育てていきたい。

僕は本当に陸上競技が好きだった

いろいろ誤解されることもあったけれど、僕は本当に陸上競技が好きだった。9歳の時、姉についていって地元の陸上クラブに入った時のときめきを昨日のことのように覚えている。初めて走った競技場の感触も、スパイクを履いた時の興奮もよく覚えている。全日本中学校選手権での優勝、高校でのスランプ、そして種目転向、学生時代の悩み、メダル獲得、プロ転向、2つ目のメダル……。今振り返れば辛い思い出もひっくるめて、陸上競技のおかげで素晴らしい人生を送ってきた。

競技人生の最後の数年、僕の走りはもう昔のような凄《すご》みはなく、どんどん衰えていく自分と向き合う毎日だった。勝てなくても、昔のように走れなくても、それでも走ろうとしている自分に気づいた時に、「本当に自分は陸上競技が好きだったんだな」とつくづく思った。トラックを1周ぐるっと回ってきて、最後は小学生の時と同じ気持ちで競技をしていた。

今の若者たちに贈る言葉

最後になるが、今の若い選手たちに言葉を贈りたい。

今、君たちは青春を生きている。輝いている選手を見てうらやむことも、うまくいかなくて投げ出したくなることもあると思う。努力は必ず報われるわけではなく、一生懸命やっても負けてしまっているかもしれない。

でも、これだけは覚えておいてほしい。一生懸命にひたすらに競技に取り組んでいる君たちは輝いている。たとえどんな順位であれ結果であれ、君たちが懸命に取り組んでいる姿は、必ず誰かの心に残っている。そして、君たちの姿を見て勇気づけられる人が必ずいる。努力は勝利というかたちでは報われないかもしれないけれど、君たちがやっている努力は、社会にとってなくてはならないものだということを知っておいてほしい。

どうか、限りある青春の日々を思う存分に味わってほしい。そして、自分自身の可能性にチャレンジしてほしい。やってやってやり切って、ふと振り返った時に君たちは人生においてかけがえのないものを手にしていると思う。

「若者よ、全力を尽くせ」――。健闘を祈る。

「若者の努力は、社会にとってなくてはならないもの」とエールを贈る

Tamesue

年度別主要成績

	国内大会	国際大会・備考
1991年		
1992年		
1993年	広島県大会100m2位	
1991年		
1992年	全日中２年100m７位　ジュニア五輪C100m４位	
1993年	全日中100m優勝・200m優勝　国体少年B200m２位 ジュニア五輪B200m優勝	三種競技B＝3354点　※中学記録 (砲丸投12m68、走幅跳6m90、400m49秒07)
1994年	国体少年B100m優勝・400m優勝　ジュニア五輪A200m5位	
1995年	ジュニア五輪A200m７位	
1996年	インターハイ400m優勝・200m４位 国体少年A400m優勝・400mH優勝 日本選手権ジュニア400m優勝　日本ジュニア選手権200m4位	世界ジュニア選手権400m 4位・1600mR 2位（2走） 1997年3月 世界室内1600mR 6位（2走）
1997年	日本選手権400m準決勝	
1998年	日本選手権400mH準決勝　日本インカレ400mH優勝	
1999年	日本選手権400mH２位　　日本インカレ400mH優勝	ユニバーシアード400mH準決勝
2000年	日本選手権400mH２位　　日本インカレ400mH優勝	シドニー五輪400mH予選
2001年	日本選手権400mH優勝（V１）	**エドモントン世界選手権400mH銅メダル** 東アジア大会400mH２位
2002年	日本選手権400mH優勝（V２）	アジア大会400mH３位
2003年	日本選手権400mH優勝（V３）	パリ世界選手権400mH準決勝
2004年	日本選手権400mH優勝（V４）	アテネ五輪400mH準決勝
2005年	日本選手権400mH優勝（V５）	**ヘルシンキ世界選手権400mH銅メダル**
2006年	日本選手権400m 準決勝	
2007年	日本選手権400mH優勝（V６）	大阪世界選手権400mH予選
2008年	日本選手権400mH優勝（V７）	北京五輪400mH予選
2009年		
2010年		
2011年	日本選手権400mH６位	
2012年	日本選手権400mH予選	

年度別ベスト記録 ※網掛けはベスト記録

			100m	200m	400m	400mH
1991年	小学校	10歳	14秒2			
1992年		11歳	13秒4			
1993年		12歳	13秒2			
1991年	中学校	13歳	12秒3	24秒5		
1992年		14歳	11秒25／11秒1	22秒3		
1993年		15歳	10秒95／10秒6	21秒36 当時中学記録	49秒07	
1994年	高校	16歳	10秒72	21秒82	48秒24	
1995年		17歳	10秒74	21秒74	47秒79	
1996年		18歳	10秒62	21秒23	**45秒94** 当時ジュニア日本記録·高校記録	49秒09 ジュニア日本記録・高校記録
1997年	大学	19歳			47秒12	
1998年		20歳			46秒73	49秒19
1999年		21歳			47秒93	49秒12
2000年		22歳			47秒67	48秒47 当時学生記録
2001年		23歳			47秒17	**47秒89** 日本記録・学生記録
2002年	社会人	24歳				48秒69
2003年		25歳				48秒94
2004年		26歳				48秒46
2005年		27歳				48秒10
2006年		28歳	**10秒49**	**20秒97**	46秒41	
2007年		29歳				48秒73
2008年		30歳				49秒17
2009年		31歳				
2010年		32歳				
2011年		33歳				49秒89
2012年		34歳				57秒64

著者略歴　為末《ためすえ》 大《だい》

1978年広島市生まれ。中学時代から同世代のトップに君臨して中学新記録も樹立した早熟スプリンターだが、短距離から400mハードルに専門種目を変更し、法政大学在学中の2001年エドモントン世界陸上で銅メダルを獲得。2005年ヘルシンキ世界陸上でも銅メダルを手中に収め、世界大会のトラック個人種目で日本人初の複数メダル獲得という快挙を成し遂げた。中学、高校、大学、一般とすべてのカテゴリーの日本タイトルを手にして新記録も打ち立て、世界大会でメダルも獲得した日本人ただ1人のアスリート。2003年に大阪ガスを退社し、出場レースの賞金とスポンサー収入だけで生計を立てる、日本では数少ないプロ陸上選手として〝異端〟の道を歩んだ。170cmと小柄な身体ながらハードルを飛び越える技術と巧みなレース戦略で世界の強豪に対峙したことから「侍ハードラー」の異名を持つ。オリンピックはシドニー、アテネ、北京の3大会に出場。ロンドン・オリンピックの最終選考会だった2012年6月の日本選手権を最後に25年間の現役生活に終止符を打ち、その後はオピニオンリーダーとして多方面で活躍。現役時代の2010年、アスリートの社会的自立を支援する「一般社団法人アスリートソサエティ」を設立（現在、代表理事）。また引退直後から、「議論できる人間を育てる」プロジェクト『爲末大学』も開催中。公式ホームページはhttp://tamesue.jp/

「ダイ・ストーリー」
栄光と挫折を繰り返した天才アスリートの半生

発行日　平成25年7月25日　第1刷

著　者　為末　大
編　集　月刊陸上競技（株式会社 陸上競技社）
〒102-0073 東京都千代田区九段北3-2-5 ダヴィンチ九段ビル
TEL 03(5215)8881　FAX 03(5215)8882
http://www.rikujyokyogi.co.jp
発行者　原田　裕
発行所　株式会社 出版芸術社
〒112-0013 東京都文京区音羽1-17-14 YKビル
TEL 03(3947)6077　FAX 03(3947)6078
http://www.spng.jp
印刷・製本　株式会社 東京印書館

落丁本・乱丁本は、送料小社負担にてお取替えいたします。

ISBN978-4-88293-449-3　C0075